U0002805

商周出版

熊秉元漫步法律

熊秉元——著

【專文推薦】

熊秉元與法律經濟學

王澤鑑

近年來，經濟學以所謂「帝國主義」的姿態進入社會科學其他領域，造成重大的衝擊，開拓了全新的視野。在本書，熊秉元教授以優雅的漫步方式，將經濟分析的方法帶進法律學，雖未使用圖形模式，但仍有數學上的精確，以流暢的散文闡釋經濟學上的「效率」和法律上的「正義」，並探究二者的關聯。本書致力於促進法律人與經濟人的對話，架構經濟學與法律學的橋梁，對於法律經濟學在國內的生根和發展，作出了卓越的貢獻。

法律經濟學或法律經濟分析，於六〇年代興起於美國，成爲當代顯學。在國內已有若干相關的論文，法律教科書亦有論述，運用此種方法從事專題研究的，亦屬有之，但始終缺少一本完整入門的著作。熊教授扼要的說明法律經濟學的旨趣，回顧其發展歷史，使讀者清楚的了解寇斯（Ronard Coase）、貝克（Gary Becker）、蒲士納（Judge R. Posner）等法律經濟學奠基人物的基本思想。本書核心內容在於以平實、精確、有趣、深入淺出的文字，闡釋經濟行爲、成本、效率、外部性、理性和自利、財產極大化、單一主人等概念，建構一套嚴謹的經濟分析架構，並用於討論契約、侵權行爲、損害賠償、因果關係、正義等法律問題。這些問題的提出和處理方式，顯示經濟學上的效率和司法學上的正義確有密切的關聯，及互相啓發之處。

偉大的經濟學家擅長以「小故事」說明「大道理」，例如寇斯在其論文〈社會成本的問題〉中，以「牧場與火車」爲例，建立交易成本與財產權的理論（寇斯定理）；並藉著英國有名的「炸魚薯條」來闡釋社會財富極大化的觀點。熊秉元教授也是一位能講好故事的經濟學家，他提出許多發人深省的問題：子女對於逝世的父母有無「悼喪權」？傷害婦女的嘴部是否侵害丈夫和子女的「親吻權」？毀壞他人的骨灰罈如何計算損害賠償？謀害被繼承人應否剝奪其繼承權，被繼承人得否加以寬宥？本書用數十個具體的故事來建構法律經濟分析的理論體系，讀者如果能夠有系統的加以整理，參考熊教授的觀點，作進一步的思考，將有助於培養經濟人與法律人的思維方式。

熊秉元教授引用不少英美法上的著名案例，說明如何以經濟上的效率來處理法律上正義的內涵，深具啓示性。吾人所面臨的任務是，如何將經濟分析應用於本國法的解釋適用，易言之，即如何將效率（efficency）作爲一種法律原則（legal principle），作爲一種法律解釋的方法，納入傳統法學的思維和論證體系。民法第二條規定：「民事所適用之習慣，以不背於公共秩序或善良風俗者爲限。」在傳統社會有賣產先儘親房或近鄰有先買權的習慣。最高法院認爲此等習慣於經濟之流通、地方之發達，均有障礙，不能予以法之效力（三十年上字第一九一號判例）。此項判例印證了本書所提出的一項歷史發展的原則，即在傳統社會裡，隨著工商業生活的開展，經濟效益的考量進入公序良俗或正義的內涵。

熊教授以相當的篇幅討論越界侵占的問題，並檢討美國著名法學家艾普斯坦（Richard Epstein）的見解，認為從效率的觀點，考慮長遠的利益，應以回復原狀較好。我國民法第七百九十六條規定：「土地所有人建築房屋逾越疆界者，鄰地所有人如知其越界而不即提出異議，不得請求移去或變更其建築物。但得請求土地所有人，以相當之價額，購買越界部分之土地，如有損害並得請求賠償。」此項規定亦含蘊正義與效率的考量。值得注意的是，土地所有人得請求移去或變更其建築物時，其權利之行使受有「不得以損害他人為目的」原則的限制（民法第一四八條第一項）。最高法院認為：查權利之行使，是否以損害他人為主要目的，應就權利人因權利行使所能取得之利益，與他人及國家社會因其權利行使所受之損失，比較衡量以定之。倘其權利之行使，自己所得利益極少而他人及國家社會所受之損失甚大者，非不得視為以損害他人為主要目的，此乃權利社會化之基本內涵所必然之解釋（七十一年台上字第七三七號判例）。本件判例的特色在於，將利益比較作為解釋「不得故意加損害於他人」的判斷基準。

《熊秉元漫步法律》結合了散文之美、經濟分析的謹嚴和法學上的想像力，充滿智慧結晶，是一本值得一讀再讀的好書。一般讀者可藉本書了解法學與經濟學的思考方法，而有助於判斷事務，分析問題。對經濟人而言，可更認識其分析方法與法學的密切關係，而投入這方面的研究。對法律人而言，本書開啓了一扇門，使法律人認識學習到一種新的思考方法。二十一世紀的法律人不僅要確實把握法律日益專業化的正義問題，也要能了解運用經濟分析，使正義具有效率的內涵。他必須是一個法律經濟人。

本文作者爲台大法律系名譽教授

【專文推薦】

法學研究的新顯學

林輝煌

研究法學者，長久以來，在傳統上均以法律原則的規範價值論為研究中心。例如買賣，乃是民法債篇各種之債列舉的有名契約之首，傳統契約法學者在闡述買賣契約法規範時，皆著重在買賣契約成立之時點（要契與承諾之合致），契約成立後買賣雙方如何履約（出賣人與買受人之權利義務），以及契約不履行之法律責任（損害賠償）等分析。實者，買賣本質上即是典型的經濟活動，買賣雙方如何決定締結契約，完全是基於市場之考量，而契約法則究竟應如何制定始能有利市場之運作，如單純的從法規範價值論出發，殊難窺全貌，掌其要。因此，現代法學研究興起了從經濟角度分析法律原則妥適性之熱潮，法律人開始嘗試著從經濟學者的觀點來思維法律原則之問題，將經濟與法律譬如建物的門扇及窗戶，與我們日常生活息息相關，隨時隨地都圍繞在我們的身邊，每天我們都必須打開來通通風，法律的經濟分析已將法律學與經濟學緊密的結合在一起，成為現代法學研究方法的新顯學。

法律本為高難度的專業，艱深難懂，經濟更是經緯萬端，了解不易，欲將法律學與經濟學相結合，無疑難上加難。但《熊秉元漫步法律》跨越了科際整合的巨大鴻溝，以簡馭繁，從心理層面及對談技巧到社會生活形態的領域，以通俗化的編排整理，提供淺明、活潑的論述以及實例的分析，闡釋從法律到日常生活經濟層面議題的關懷，透過方寸之間，打破自限一隅的困境，不但容易入門，且能將其精神引據爲解決司法及行政實務上紛爭的參考資料。藉由作者微觀的研究心得，深耕密植的專業態度及恢弘的視野，架構法理及經濟理論基礎，作銖兩悉稱的論述，將法律與經濟內涵交錯連結的運用，爲嶄新的知識領域提供理解的方法，使抽象領域中的知識，變成一種眞實的感覺，一方面激發讀者的興致，另一方面讓讀者自我思索研究，深入了解法律與經濟在各領域中的廣度及深度，將經濟與法律很巧妙的鋪成一個家園。

從經濟看法律，可得兩大主軸，一爲公平正義，一爲效率。由於資源有限，追求正義不能只注重成果，更須考量成本的付出。本書引據美國法律經濟學巨擘，亦是現任聯邦法官的蒲士納名言：「對於公平正義的追求，不能無視於代價。」傳輸一種嶄新的觀念，亦即，除公平正義外，對名譽、健康、美貌、愛情、事業等等的追求，也不能無視於代價。此種觀念，爲法學帶進嶄新的思考養分，也巧妙的爲經濟分析和法學問題搭起了橋梁。我國積極推動訴訟制度改革，在民事訴訟法增訂簡易程序及爭點整理集中審理，目的即在使案件及證據重要爭點浮現，並加以整理，讓訴訟程序得以密集持續進行，快速解決紛爭；在刑事訴訟法增訂簡易程序、簡式審判程序、集中審理，以及緩起訴等新制，視案件的輕重，或視被告對於被訴事實有無爭執，而異其訴訟程序或簡化其證據調查，一方面使訴訟盡速終結，一方面亦可合理分配利用司法資源，以達訴訟經濟的要求。揆其改革重心，均在追求司法的效率。法律有效率的追求公平正義，完全符合經濟看法律公平正義，以成本效率為主軸的訴求，足證法律經濟分析，已成為法律關聯的一部分，益證作者的見微先知之處。又本書特具創見者，乃作者對於剝奪悼喪權、毀壞骨灰罈等特殊賠償案例，主張由自己生活經驗裡萃取一些相關的，有異曲同工之妙的原理原則，勾勒出經濟分析的深層內涵，然後活學活用，以此為解決紛爭的準則，尤其發人深省，更使讀者深信，唯有法律與經濟開始對話，進而相互取暖，法學研究才能更加昇華。

本書作者秉元兄，才華洋溢，思維縝密，視野廣闊，教學著作，卓然有成。本書出版之前，本人有幸得與作者先攜手漫步法律一番，深感其內涵充實，文筆流暢，在專業之嚴肅中又處處隱含趣聞，而作者復以其高度專業素養，提供讀者豐厚卓越的資訊，為法學思維空間之開拓，及台灣法律與經濟發展連結的躍進，作扎根傳播的工作，其用心尤令人感佩。本人深信本書之出版，對國人汲取法律與經濟的關聯內涵，必有莫大的裨益，爰樂為序推薦。

本文作者為法務部司法官訓練所所長

【初版序】

是對話，不是結論

在空白的畫布上，容易自由的揮灑；可是，在已經塗滿顏色的畫布上，就不容易除舊布新。藝術上如此，學術上也不例外。

諾貝爾獎得主史蒂格勒（George Stigler）曾在回憶錄裡提到：他的主要貢獻，是在「管制經濟學」和「資訊經濟學」。而當他在這兩個園地裡耕耘時，可以說是前無古人，如入無人之境。因此，當他推出理論時，水到渠成，沒有受到太多阻力。相形之下，只要想想哥白尼的宇宙論和當時盛行的「地球中心說」，就可以體會到哥白尼命運多舛的原因了。

「法律經濟學」，是一九六〇年起蓬勃發展的一個新興領域；研究的主題是法學，採取的卻是經濟學的分析角度。法學，當然有尊榮高貴的傳統；自亞里斯多德、柏拉圖以降，歷史上不知有多少哲人雅士，留下一家之言。因此，當經濟學者開始探討法學問題時，當然受到法學界的排斥、抵抗、冷嘲、熱諷。還好，許多因素因緣際會下，「法律經濟學」已經卓然有成，而且影響力與日俱增。原因之一，是經濟學者除了和法律學者對話，可以彼此傳教、彼此喝采；經濟學者之間彼此的掌聲，就足以維持最初的動力。另外一個主要原因，當然是經濟學者確實言之有物，對研究法學問題的確添了增新的養分。

在中文世界裡，「法律經濟學」還在起步的階段。許多法律學者，都還停留在「法學中心論」（地球中心？）的心態裡。一位研究生告訴我，最近出版的一本刑法專論，作者就率直的批評經濟分析。而且，雖然作者沒有指名道姓，不過矛頭就是指向我。作者批評經濟分析的論證之一，是「重大刑案，當然要不計代價的破案」。

這句話，非常有趣。前半句「重大刑案」，表示還有非重大刑案，而且處理兩類案件值得有差別待遇。可是，這不就是經濟分析所強調的，要分出輕重大小、利害權衡嗎？所以，這位刑法學者，其實不自覺的在運用某種經濟思維。後半句「不計代價破案」的邏輯，說來理直氣壯，其實大有問題。試問爲破一個重大刑案，值不值得犧牲一千位警察和司法人員？兩千位？五千位？値不值得動用所有的警力，耗盡所有的警政預算？因此，眞的可以「不計代價」嗎？顯然，前後半句的邏輯，彼此矛盾。在另外一個層次上，這刑法學者所希望表達的，就是「某些事情非常重要，因此採取非常的手段」；這種思維，當然隱含成本效益的考量。

這本《熊秉元漫步法律》，主要是爲法學界人士而寫；目的就是希望釐清經濟分析的內涵，提供法律學者另一套思維方式，另一座有意義、平實可靠的參考座標。

在性質上，這不是一本教科書。就教科書而言，蒲士納法官（Judge Richard Posner）以及庫特和尤蘭（Robert Cooter & Thomas Ulen）的論著，都對法學問題有完整的討論，是「法律經濟學」很好的教科書。在內容上，這也不是一本介紹法律經濟學的「社普」叢書。弗里德曼（**David Friedman**）的《法律和經濟的對話》（*Law's Order*），是介紹法律經濟學很好的入門書。

這本書，是以法律學者和法律系學生爲主要對象；我希望經由書中的材料，呈現經濟分析的某些面向。而且，希望透過這些材料，能烘托出法學不同的風貌；希望讀者們可以體會到，經濟分析的趣味、經濟學和法學的關聯，以及法律經濟學蓬勃發展的原因。此外，在澄清「正義」和「效率」之間的關聯上，這本書也多所著墨；我認爲書裡的論點稍有新見，是前人所未及。

承虞彪博士的大力幫忙，書中的各個章節，都在《法令月刊》刊載過；而且，在台灣大學和台北大學的研究所課程裡，我也以書中的材料爲講義，作爲討論辯難的基礎。無論是《法令月刊》中的刊載或課堂中的論證，都引起很多回響，激起很多智識上的火花。我也要特別感謝，王澤鑑老師和林輝煌博士慷慨作序。他們爲經濟學者的法律見解「背書」，可能要承擔不少的風險。還好他們都是學養俱佳、德高望重的法學重鎭；偶爾胳臂往外彎，相信不會對他們的事業有太大的影響！

在定稿前，我請台大法研所的研究生張永健，從頭到尾細看一次；對於法學的專有名詞和出處，希望能避免不必要的差池。張永健，是一位聰慧勤奮、好學深思的年輕人，他的事跡，也值得一提。在高中階段，他就看過我寫的書，而且決定將來讀台大時要修我的課。有一次開學時，我看他又出現在課堂上，就問他這是第幾次修課，他答道：「第七次！」我問：「有這麼多好學的嗎？」「老師的學問，博大精深，如長江黃河，滔滔不絕。修過六次，還只是得到皮毛而已。」有學生如此，老師心裡不飄飄然，成本也很高！

不過，無論是長江黃河或細水長流的潺潺小溪，重點都在於繼續不斷、綿延不絕的流水，而不是畫下最後的句點。河流如此，學術研究上也是如此。因此，這本書是參與「法律經濟學」對話的一環，而不是提出了任何結論！

熊秉元　寫於二〇〇三年六月二十六日

【二版序】

和十年前的第一版相比，第二版有兩點值得說明：

第一，內容上幾乎沒有變動，只有在文字和時間年代上微調。第十一章的故事「奉命行事者無罪？」，改爲附錄一，並略作說明；替補的故事，是「以父之名」。同時，增加附錄二：「經濟學者走進法學院」；內容是關於法律經濟學的發展，以及我個人的一些經歷和感想。

第二，十年前撰寫各章時，一氣呵成，在《法令月刊》連續刊載。然而，在最後兩、三章時，學理上有大概的輪廓，意義還不完全明朗。十年來，教學上以這本書爲教材之外，在學術上我還持續探索。相關問題在學理上的意義，也愈來愈清楚。直接相關的論文，除了第一章所介紹的之外，還有〈基準點與經濟分析〉，發表在《法律經濟學論叢》（Benchmarks and Economic Analysis, *Review of Law and Economics*, 5(1): 75-99, 2009）。而且，相關的論述也將持續問世。

十年前，這本書是「小眾文化」；十年後，這本書的讀者還是小眾。值得欣喜和自慰的是，中文世界法律經濟學的領域裡，這本書已經有一席之地；而且，經過時間的考驗，希望還能繼續發光發熱！

熊秉元　寫於二〇一三年一月十四日

目錄

專文推薦　熊秉元與法律經濟學　王澤鑑　003
專文推薦　法學研究的新顯學　林輝煌　007
初版序　011
二版序　015
第一章　法學干卿底事？——法律經濟學的旨趣　019
第二章　你的房屋，我的房屋——法學和經濟學的思維方式　037
第三章　人的刻畫——初探經濟學的行為理論　057

第四章　人生而自由平等?!
——權利的剖析
077

第五章　個體行爲和總體現象
——再探經濟學的行爲理論
099

第六章　故事書裡的故事
——經濟論著選讀
119

第七章　經濟分析的深層意義
——三探經濟學的行爲理論
139

第八章　仇人眼中長刺蜻
——法學裡的外部問題
157

第九章　無怨無悔的愛?
——法學裡的成本考量
179

第十章　誰的劍譜、誰的武功？
——思考法律問題的參考座標　199
第十一章　豈只是明察秋毫而已
——法學裡的因果關係　219
第十二章　正義和效率
——法學和經濟學的對話　239
附錄一　奉命行事者無罪？　259
附錄二　經濟學者走進法學院　263

【第一章】

法學干卿底事？

——法律經濟學的旨趣

前言

過去在美國讀研究所時，我的博士論文和主流的資訊經濟學有關。回到台灣的母校開始任教之後，也許是因爲環境裡的步調較慢，所以我稍有閒情逸致，就開始接觸其他的研究領域。

最先接觸的，是以布坎楠（James M. Buchanan）爲主的「公共選擇」（public choice）學派；這是以經濟學的分析架構，探討政治現象，也可以稱爲是「新政治經濟學」。而後，又看了一些社會學的文獻，特別是寇爾門（James Coleman）的論著。他曾任美國社會學會的會長，長期在芝加哥大學任教，和諾貝爾獎得主貝克（Gary Becker）是老友，也是把經濟學的「理性選擇模型」（rational choice model）帶進社會學的學術重鎮。然後，因緣際會，我開始接觸寇斯（Ronald Coase）和蒲士納（Judge Richard Posner）等人的著作，他們都是爲「法律經濟學」（law and economics）奠基的重要人物，而這個新興領域還正方興未艾。

無論是公共選擇、社會經濟學或法律經濟學，我都是邊讀邊教、也邊寫論文。在這一趟智識之旅上，我覺得一路走來，美不勝收；不過，直到碰上法律經濟學，我自覺大概終於找到了安身立命之處。心情上有很紮實的感覺，在研究上似乎也容易得到共鳴。

問了個好問題

在智識的追求上，我自覺是很幸運的人。因爲，自一九六〇年起，經濟學開始向政治、社會、法學等領域擴充。經過三、四十年的發展，都已經有很豐碩的成果；當初發展時我雖然沒有機會身歷其境，卻能在布坎楠、寇斯、貝克等人的有生之年，享受他們智慧的結晶。而且，除了看著他們得到諾貝爾獎，還有幸和他們之中的幾位有書信往來。

因爲有這種背景，所以我偶爾會琢磨比較，經濟學向不同領域擴充的軌跡和成果。無疑的，在「經濟學帝國主義」的攻城掠地裡，法律經濟學的成果最爲豐碩。可是，爲什麼呢？經濟學對其他領域的探討，大概都是在一九六〇年左右開始，爲什麼是「法律經濟學」綻放出最鮮美的花朵？

在文獻上，有好幾篇「綜論」（review article）性的文章，回顧法律經濟學的發展過程。這些作者們幾乎異口同聲，認爲主要是因爲經濟學有一套強而有力的「行爲理論」（a powerful behavioral theory），所以才能在法學研究上大放異彩。

在讀這些論著時，我覺得他們言之成理；可是，我也察覺到他們在邏輯上的一個盲點。因為，既然經濟學幾乎同時進入政治、社會和法學，如果只因為經濟學有一套「行為理論」，那麼在各個領域裡的成果應該一樣輝煌才是！然而，實際情形並非如此；「政治經濟學」和「社會經濟學」的發展，遠遠不及「法律經濟學」。就以目前（2013年）來說，在法律經濟學這個領域裡，國際上已經有十種以上的專業學術期刊；相形之下，政治經濟學的專業期刊，大概只有三到四種，而社會經濟學的專業期刊數目更少。

因此，除了行為理論，一定有其他的原因，使法律經濟學獨領風騷。那麼，是什麼原因呢？當我想到這個問題時，我知道自己問了個好問題。如果能找出有趣、有說服力的答案，不僅能滿足我自己的好奇心，也可以在學術上有所貢獻。

一得之愚

在本質上，我問的問題是：「當經濟學往外擴充時，在法學的領域裡最為成功，為什麼？」就邏輯而言，要回答這個問題，至少要從兩方面來處理：一方面，我必須解釋，經濟學進入法學之後，可以大展身手的原因；另一方面，我必須說明，經濟學進入政治和社會這兩個領域，為什麼不能大展身手。因此，看起來是經濟學和法學的問題，其實涉及經濟學和其他社會科學的關係。

經過一番琢磨，我寫成一篇論文，題目訂為「法律的經濟分析：方法論上的幾點考慮」（Economic Analysis of Law: Some Methodological Thoughts）。論文裡的兩個重點，值得稍作交代。

首先，我指出，雖然經濟學涵蓋面很廣，可是追根究柢，最基本的是處理兩人間、一對一的關係（bilateral, one-to-one relationship）；譬如，生產者和消費者、廠商和管制者、供給和需求等等。當經濟學者處理這些問題時，可以設身處地的把自己設想成當事人，然後分別體會雙方所面對的權益問題，再以旁觀者的身分和心情，分析如何處理彼此衝突對立的權益。在法學裡，情形也非常類似。雖然法學包含很多主題，可是原告、被告之間的官司，還是千百年來研究的重點。原告和被告，也是一對一的對應，而且彼此利益直接衝突。法學研究者，也可以設身處地、想像雙方所面對的情境，然後作出取捨。

因此，經濟學所以能長驅直入法學，而且在短時間之內就獲得可觀的成果，和這兩個學科的研究主題（subject matter）有關。因為，雙方、一對一的利益衝突，同時是這兩個學科關心的焦點。

其次，就政治學和社會學而言，這兩個學科的性質非常特別。在經濟學裡，主要分成個體經濟學（microeconomics）和總體經濟學（macroeconomics）。前者是處理個別的經濟行為，譬如企業、家庭、個人；後者則是處理整個經濟體系的經濟現象，譬如失業、通貨膨脹、利率水準。

經濟學者幾乎眾議僉同，經濟學最紮實強悍的部分，是在個體經濟學。雖然在研究總體經濟現象時，也有利率、物價水準等數量可以觀察分析，可是影響總體現象有太多的變數，經濟學者掌握的只是簡化的模型。因此，至少在目前，總體經濟學裡，還是各個學派群雄並起、莫衷一是的狀態。更重要的，是在個體行爲和總體現象之間，還有一些「中層問題」（middle range issues），譬如產業、消費心理、市場結構等等。這些中層問題，是由消費者和廠商等個體的行爲加總而來，卻不是一加一等於二這麼簡單。對於中層問題，個體經濟學還不能作有效的處理。可是，稍稍想想，政治學和社會學所關心的重點，其實就是屬於「中層問題」。

在政治學裡，選舉、政黨、民意機構等等，一向是研究的重點；而這些問題，都是個別行爲匯總之後的中層問題。對於中層問題，經濟學沒有好的分析方法，政治學也沒有，因此經濟學對政治學的影響，受到相當的限制。同樣的，在社會學裡，社區、社會化、宗教等問題，是重點所在，而這些議題，也是介於總體現象和個體現象之間的中間層次。經濟學所能發揮的貢獻，也有先天上的侷限。因此，比較各個學科的特質之後，我得到這兩點有趣的體會。據我了解，在文獻上還沒有人提出類似的觀點。

經濟學對中層問題力有未逮，還可以藉下面這個故事來作進一步的引申。

經濟學的困窘

記得多年前、讀研究所快畢業時，我在《大西洋月刊》（*The Atlantic Monthly*）雜誌上看到一篇文章，名為「經濟學的困窘」（The Poverty of Economics）。

作者是羅伯·卡特納（Robert Kuttner），一位專欄作家；他從半個經濟學者的角度，批評經濟學的匱乏和困窘。有趣的是，他列舉的例子之一，是一篇發表在頂尖學術期刊的論文。他認為，作者用數學模型來分析房屋市場，數學模型漂亮而嚴謹，可是由文中卻絲毫看不出，作者是否真的了解真實世界裡的房屋市場。

論文的作者不是別人，正是我的指導教授韓德森（J. V. Henderson）。我把文章影印給他看，問他的意見。他聳聳肩，很有風度的說了一句：「文章很有趣！」等到自己成為專業的經濟學者，思索各種問題數十載之後，偶爾再想起這段掌故，我覺得已經能稍有所得。

經濟學裡用太多的數學，固然使分析精確，而且對傳遞和累積知識大有幫助，可是會不會漸漸變成見樹不見林，甚至只見輿薪？這個問題，在經濟學文獻裡，已經起起伏伏的爭議了幾十年。結論也一直相去不遠：對經濟學而言，數學大有好處，但最好不要役於數學。因此，這種時斷時續的爭執，並沒有激發出太多新的智慧；由這個角度所作的批評，也不能算是真正擊中經濟學的要害。

最近讀了《美國法律經濟學論叢》（*American Law and Economics Review*）裡的一篇書

評，我卻深切感受到經濟學威力有時而窮的窮處所在。

被評鑑的書，書名是雙關語，影射柯林頓的緋聞案——《國家大事》（*An Affair of State*）。作者是享有盛譽的蒲士納法官，出版者是學術重鎮哈佛大學出版社。

在書裡，蒲氏旁徵博引，論證柯林頓的陣營戰略成功，把陸文斯基案導引塑造成是單純的「性出軌」（just about sex），而避免了柯林頓在宣誓下說謊的偽證問題。蒲氏認為，對美國憲政運作而言，關鍵所在其實不是柯林頓的拈花惹草，而是事後撒謊、阻撓司法。

書評指出，蒲氏取材論證嚴謹，分析敘述生動活潑，充分反映了蒲氏的才情和學養。但是，除了美言，書評也點出蒲氏力作的盲點。

如果柯林頓的緋聞案是由司法體系處理，重點可能確實會集中在「偽證」這個環節上——總統私生活越軌是小事，妨礙司法運作卻是影響深遠的大事！可是，總統的緋聞案最先是由獨立檢察官蒐證，最後由國會投票決定指控成立與否；既然是由國會來取捨，當然就表示民意走向會是主導因素；如果一般民眾說東，國會議員們不會不知好歹的硬要說西。

因此，審判柯林頓的，其實是美國的一般民眾。然而，在美國社會裡，長久以來已經形成一種暗流：在兩性關係方面，法律條文所規範的行為尺度和一般民眾實際行為之間，有一段明顯的落差。譬如，在有些州裡，法律還明文禁止某些性行為、禁止墮胎、以刑法處理婚外情。而當法律和一般民眾的實際行為有落差時，民眾在心理上會逐漸累積一種排斥不滿的情緒；只要有機會，這股壓抑已久的積怨，就會像山洪般宣洩而出。

因緣際會，柯林頓的緋聞，正是觸發山洪爆發的那幾滴雨水！民眾同情、乃至於認同的是柯林頓，而不是那些僵化過時的法律；民眾所在乎的，是透過肯定柯林頓而肯定自己，而不在乎維護司法體系的尊嚴。因此，柯林頓的謀士利用民意所趨，巧妙的四兩撥千斤，化解危機於無形。對司法體系而言，緋聞案等於是無心插柳的提供了一個機會，促使司法體系反省檢討，或許能因此而跟得上社會變化的腳步，再次得到民眾的認同和支持。

我所得到的啟示，就是由書評所描述的民眾心理而來：雖然社會的思潮和民眾的心理，都確實會影響人的行為，可是在主流的經濟學裡，幾乎找不到對「思潮」、「意識型態」或「文化背景」的討論。

主流經濟學所描述的經濟人，像是一個跨越時空、沒有文化束縛、不受意識型態羈絆的「黑盒子」。只要輸入某些價格所得數量的資訊，黑盒子就會打印出一個標準答案——經濟學者朗朗上口的「最適選擇」。

當然，主流經濟學的描繪，是一種簡化的分析；在分析人們絕大部分的日常行為時，確實不需要把文化、意識型態等因素納入。不過，如果要了解社會的變遷、要比較不同社會之間的差異，顯然就不得不面對這些因素。而我必須承認，以我所受（主流學派）的訓練、以我所閱讀的經濟文獻，我並不知道如何妥善處理這些你知我知、非常重要的因素。

九一一事件之後，曾經有人問我感想如何。我的回答是：對經濟學而言，也許以後會比較重視對文化（宗教）的研究。藉著對文化差異的了解和分析，也許比較容易避免宗教革命式的極端行為。

經濟學確實有其困窘，但是過度數學化可能不是最主要的困窘。

由上面的「插播」（digression），可以看出冷酷無情的經濟學者，其實也有相當的反省能力；他們並不如一般人（包括法律學者）所認定的，是只會算計金錢貨幣的角色而已。

浮沉

無論如何，關於法律經濟學在方法論上的分析，是我在這個領域裡完成的、第一篇關於方法論的論文；寫完之後，就以敝帚自珍、初生之犢的心情，寄給蒲士納法官，請他指教。我很快接到回信，他在短信裡提到：論文的「基本論點非常精采」（The basic points are excellent ones）。

蒲氏可以說是當今法律經濟學的掌門人，得到他的肯定，我當然很高興。此外，哈佛大學法學院講座教授芮賽耳（Mark Ramseyer），也在來信中指出法律經濟學大行其道的另一個原因：

一九七〇年代，大學教職的市場大幅萎縮，因此很多讀經濟的研究生轉讀法律，準備畢

業後進入實務界。可是，當他們在法學院表現良好，而得到教職之後，自然把原先經濟學的訓練，帶到他們的研究工作上。相反的，幾乎沒有讀經濟學的博士生，會轉念政治研究所。

這是個很有趣的觀點，我寫一個註解，放進我的論文。我也根據其他幾位學者的意見，作了一些調整。文章大致就緒，就開始漫長的投稿過程。

關於法學研究的期刊，可以分成兩大類。一類是傳統的法學期刊，由各主要法學院出版，譬如《哈佛法學評論》（*Harvard Law Review*）和《耶魯法學評論》（*Yale Law Journal*）等。這些法學期刊的編輯，全部是由法學院的學生（也就是研究生）來負責。而且，法學界的傳統，是一篇稿子可以同時投給好幾份刊物。另一類關於法學研究的期刊，主要是由其他學科來探討法律，譬如《法和社會評論》（*Law and Society Review*）或《法律經濟學期刊》（*Journal of Law and Economics*）。這些學術刊物的作法，和一般學術刊物沒兩樣；由專業的學者來審核編輯，而且只能一稿一投。

兩種刊物作法上的差異，含意到底如何，需要長篇大論來分析。不過，我可以「訴諸權威」，稍微著墨一下；或許也可以稍稍反映，法學和其他社會科學的歧異。

一九八七年，《哈佛法學評論》創刊一百週年，爲了慶祝這個歷史性時刻，他們向法學界重量級的人物邀稿，然後發行特刊。蒲士納也是受邀者之一，但是他似乎有意澆學弟妹們的冷水——他也是哈佛法學院畢業，而且學生時代就表現傑出，曾任《哈佛法學評論》的主編。他爲這個特殊時刻所寫的文章，題目爲「法學自主性的式微」（The Decline of Law as an Autonomous Discipline）；文章是這麼開頭的：

> 因爲我天生有懷疑和批判的傾向，所以當編輯邀請我爲《哈佛法學評論》發行百年撰稿慶祝時，我最初是婉拒。因爲《評論》有百年歷史，並沒有特別的意義。事實上，我現在住的房子屋齡八十二，可能更有意義：因爲在保養和維護這種房子時，需要仔細斟酌；而且，這種年紀的房子，可以反映當時建築和結構的風格。

如果文章透露一個人的性格，以這種對比作爲開場白，來祝福西方法學重鎮創刊百年，可以約略突顯蒲氏的風格。即使他在學術和司法界都享有盛譽，但是顯然不是憂讒畏譏、溫良恭儉讓型的學者。

無論如何，在文章裡，蒲氏以當事者、過來人的身分，對傳統法學的過去和未來，提出許多發人深省、暮鼓晨鐘式的建言。關於法學刊物，他更直言不諱：以學生來審核老師的專業作品，不啻是「二軍審一軍」；一稿多投，同時耗損作者和編輯的心力時間。法學研究要趕得上現代學術的腳步，值得採取其他學科的作法——由專業學者負責編務，一稿只能一投！

對我而言，我希望自己的觀點能被法律學者接受，因此我先投稿給傳統的法律期刊，也就是一稿多投。單單是每個期刊要求的好幾份影印本，又同時寄給七、八個期刊，就花了相當可觀的航空郵資。可惜，我的一得之愚似乎不夠精采，得到的回覆都是：「謝謝賜稿，但是我們每年接到好幾百篇，甚至是上千篇的稿子，我們只能選用很少數的幾篇，雖然這次用不上大作，不過還是希望閣下以後能繼續支持本刊。」

這個階段，就耗費了近一年的時間。既然碰不上伯樂，我決定改變策略，轉投法律經濟學的刊物。主編的回信都很客氣：「論文的主題和分析都很有趣，但是我們很少刊載關於方法論的討論，而偏重對具體法律問題的分析。」一旦被退稿，稍稍自我安慰之後，就再投其他刊物。當我把文章寄給《法律經濟學研究》（*Research in Law and Economics*）時，倒激起了一些智識上的火花。這時候，我已經把論文的題目調整爲「經濟學和法學的共同性」（The Commonality between Economics and Law）。

火花

《法律經濟學研究》是採取以書代刊的方式，每年發行一本，大概刊載十篇左右的論文。這個系列是從一九七九年開始，一直由舍比（Richard Zerbe）擔任主編。

一九七〇年代前後，舍比曾在芝加哥大學經濟系任教；當時寇斯、史蒂格勒（George Stigler）、蒲士納、戴賽茲（Harold Demsetz）等人，都薈集芝加哥，也正是經濟學向外開疆闢士的黃金歲月。

美國法律經濟學會在舉行年會時，曾公開表揚當初創立法律經濟學的四大高手：寇斯、蒲士納、曼尼（Henry Manne）和卡拉布萊錫（Guido Calabresi）。此外，一九八一年，在加州大學洛杉磯分校（UCLA）舉辦了一場圓桌會議，由當年參與法律經濟學發軔時期的健將，回顧當時芝加哥大學「空氣中像是飄浮著電波」的氣氛。座談會的紀錄，後來以「眞理的熱焰」（The Fire of Truth: A Remembrance of Law and Economics at Chicago, 1932-1970）爲名，刊載在一九八三年的《法律經濟學期刊》。舍比也參加了這個座談，因此他雖然不是法律經濟學的四大開山祖師之一，但也是當年和寇斯比肩齊步、共襄盛舉的重要學者之一。

我把論文寄給舍比沒多久，就接到他的電子郵件，主要有兩點意見：一方面，他認爲我的論點雖然有趣，可是對於「經濟學在其他社會科學的領域裡，爲什麼成果有限」，交代得不夠清楚。他也不知道該怎麼著手加強，但是他建議：也許可以由戴賽茲就任「西方經濟學會」（Western Economic Association）會長時所發表的講詞找靈感。另一方面，他建議我修改文稿，然後再寄給他。

我立刻回了一個短函，承認他指出我文章的弱點所在；事實上，當初在論述時，我自己就覺得要仔細臧否法律、政治和社會等學科，可能需要一本洋洋數百頁的鉅作，而不是一篇短短幾十頁的論文。當然，我也表示，會盡力修改論文。

戴賽茲的就任演講詞發表於一九九六年，後來刊載在一九九七年的《經濟探索》

（*Economic Inquiry*）上，題目爲「經濟學成功的原因」（The Primacy of Economics: An Explanation of the Comparative Success of Economics in the Social Sciences）。這篇文章我過去就看過，不過既然舍比指名，當然要再仔細咀嚼一下。

我知道，戴賽茲是一位深思型的學者，在產權和組織理論方面，有過重要的貢獻。他在一九六七年發表的論文〈財產權理論探微〉（Toward a Theory of Property Right），是經濟學裡一再被引用的開創性文獻。

前面提到，芝加哥學派全盛時期，他也是大將之一。後來，他移師到加州大學洛杉磯分校；可是，爲什麼要從世界排名第一的芝加哥，跑到世界排名六七八的加州大學呢？他在論文自選集的前言裡（婉轉的）提到，轉進加州的理由有兩個：首先，加州大學出重金挖角，沒有理由拒絕；其次，他在芝加哥和同事投資期貨，總是猜錯市場走向，虧了不少錢。他說，把錢匯給股票經紀人的次數，變得像餵自己的愛犬一樣頻繁。他沒有明講是多麼頻繁，可是一般人至少每天餵狗一次。經濟學者的理論不符實際，這又是佳話（？）一則。不過，還好他只是虧自己的錢，後來有兩位諾貝爾獎得主，可是虧了別人上億美金的投資！

戴賽茲的就職演講，是他多年研究的心血結晶，裡面有許多深刻的觀察和省思。其中，最重要的有兩點：他認爲，和其他社會科學相比，經濟學者在處理本身學科的問題時，比較成功。也就是，經濟學者對經濟問題的掌握，要優於政治學者對政治問題、社會學者對社會問題的掌握。另一方面，他覺得經濟學者所以表現較佳，是因爲他們處理的問題，主要是和人們狹隘、明確的利益（narrow, well-defined interests）有關，而且這些利益往往可以用貨幣來衡量。換句話說，其他學科學者（政治和社會學）研究的主題，並不是明確狹隘的利益，也不容易量化。

在接到舍比的信前後，我正在修改兩篇關於寇斯的論文；寇斯對經濟學者的規勸，廣為人知：他覺得經濟學者不該自以為是，跑到其他學科裡去班門弄斧。因為，長遠來看，影響一個學科發展的關鍵因素，還是在於這個學科的主題；經濟學者去研究別人的看家本領，當然不享有相對優勢（comparative advantage）。甚至，寇斯語帶嘲諷的表示：經濟學者興沖沖的進入其他領域，是不是因為他們沒處理好自己的問題，因此只好換個地方試試手氣？

舍比的質疑、戴賽茲的判斷、寇斯的預言，這些混雜、乃至於彼此衝突的見解，在我的腦海裡反覆翻攪。我希望能找到一種方式，貫穿這些思維，並且面面俱到。有一天，游完晨泳，空氣裡還有一層薄霧。我覺得神清氣爽，步履輕盈，突然腦中一閃，答案找到了！

我原先在論文裡強調，經濟學和法學，都是研究雙方、一對一的對立關係；而戴賽茲則強調，經濟學者長於分析狹隘明確的利益。因此，我們的論點並不衝突；事實上，他的看法剛好支持我的論點。

而且，根據寇斯的觀點，長遠來看，研究主題才是維繫學科的重點。既然在研究主題上，經濟學和法學本質上無分軒輊，如果經濟學者能有效處理他們的研究主題（經濟問題），當他們處理另外一些性質相同的研究主題（法律問題）時，顯然也容易有類似的成果。也就是說，既然經濟學和法學的研究主題，在性質上相當一致，當經濟學者進入法學領域時，其實就好像在研究他們過去所熟悉的問題一樣。因此，經濟學者在法學的園地裡耕耘，容易有豐碩的果實，而且很可能就會長此以往、繼續發光發熱！

當然，順著這個思路，還有兩點重要的含意。首先，既然在研究主題上，社會學和政治學都不太像經濟學，因此經濟學在這兩個領域裡的發展，可能剛開始異常耀眼，但是不容易維持長久。其次，在研究主題上，社會學和政治學也和法學不同，因此結合法學和社會學或法學和政治學的努力，即使投入的氣力再多，成果恐怕也很有限。

我把這個體會，融入修訂稿裡，再寄給舍比。幾個星期之後，他回信表示，修訂稿比原稿好得多，他可以送給評審審稿了。這篇論文，後來刊載在《歐洲法律經濟學論叢》（*European Journal of Law and Economics*, Vol.18, pp.33-53, 2004）。刊登後，曾是被下載次數排名第四的論文。

結語

在這一章裡，有兩條發展的軸線。一方面，我藉著回顧一篇論文的構思、撰述、請益、投稿，以穿插夾敘的方式，烘托「法律經濟學」這個研究領域的一些史實。由這些片片斷斷關於人和事的刻畫裡，我希望能呈現出經濟學者對這個領域的投入和成就；或許，透過這些片斷，能稍稍澄清許多人對經濟學（者）的誤解——很多才情兼具的經濟學者，都兢兢業業的在探索智慧，而不只是役於金錢貨幣而已。

另一方面，藉著我論文的發展，我希望能闡釋經濟學和法學的共同性；因爲學科本質上的特性，經濟學確實有可能爲法學帶進新的養分。當然，在文章裡，我也提到很多「線頭」，但是並沒有進一步發揮。譬如，爲什麼寇斯等四人是法律經濟學的創始人？什麼是經濟學的行爲理論？什麼是理性選擇模型？經濟學研究雙方、一對一的對立關係，又得到哪些智慧？還有，經濟學者進入法學領域，已經有相當璀璨的成果；相反的，法律學者有沒有類似的舉止呢？法學有沒有嘗試向經濟、社會、政治等領域伸出觸角？如果有，憑藉的是哪些武器？如果沒有，又是因爲哪些因素？對任何一個學科的學者而言，除了心理上自然而然的本位主義，是不是也可以以旁觀者的身分和心情，試著帶著好奇和興味去琢磨這些問題呢？

當然，要處理這些大大小小的問題，恐怕還需要很多人投入很多的心力和時間吧。

相關文獻：

1. Buchanan, James M. & Tullock, Gordon. *The Calculus of Consent*, Ann Arbor: University of Michigan Press, 1962.
2. Coase, Ronald H. "Economics and Contiguous Disciplines," *Journal of Legal Studies*, 7, pp. 201-11, 1978.

3. Coleman, James S. *Foundations of Social Theory*, Cambridge, MA: Harvard University Press, 1990.

4. Demsetz, Harold. "Toward a Theory of Property Rights," *American Economic Review*, 57, pp. 347-59, 1967.

5. ----------. "The Primacy of Economics: An Explanation of the Comparative Success of Economics in the Social Sciences," *Economic Inquiry*, 351, pp. 1-11, 1997.

6. Henderson, J. V. "Community Development: The Effects of Growth and Uncertainty," *American Economic Review*, 705, pp. 894-910, 1980.

7. Kitch, Edmund W. ed. "The Fire of Truth: A Remembrance of Law and Economics at Chicago, 1932-1970," *Journal of Law and Economics*, 26, pp. 163-234, 1983.

8. Kuttner, Robert. "The Poverty of Economics," *The Atlantic Monthly*, pp. 74-84, Feb., 1985.

9. Posner, Richard A. "The Decline of Law as an Autonomous Discipline: 1962-1987," *Harvard Law Review*, 100, pp. 761-80, 1987.

10. ----------. *An Affair of State: the Investigation, Impeachment, and Trial of President Clinton*, Cambridge, MA: Harvard University Press, 1999.

【第二章】

你的房屋，我的房屋

——法學和經濟學的思維方式

前言

前幾天中午時分，我到學校附近的一家麵館解決民生問題，落坐之後，抬頭一看，前面正是一位法律系的教授。他剛被挖角沒多久，目前擔任一所新設大學法學院的院長。

我們邊吃邊聊，我告訴他最近正在構思一系列的文章，希望把「法律經濟學」介紹給法學界。他大感興趣，並表示法律學者都知道經濟學很重要，也知道「法律經濟學」是當代的顯學；可是，他和許多法律學者一樣，一直很好奇：到底經濟分析是什麼？他希望我好好下筆，能以法律學者所了解的方式，呈現經濟分析的趣味和威力。

也許，介紹經濟分析最好的方式，是由一個實例開始。

燙手山芋

不久前，中國大陸出現一件很特別的官司。兄弟鬩牆，不過並不是爲了土地房舍金錢或家產，而是爲父親；更精確的說，是爲了父親過世。

官司的主要情節，其實很簡單：老大和老三兩兄弟曾經不和鬧上法庭，因此彼此少有往來。老大一直照顧年邁的父親，父親過世下葬時，老三並沒有出現。沒想到，三年半後，老三把長兄告上法庭，理由是他沒有通知自己參知喪禮，剝奪了自己的「悼喪權」。老三要求金錢賠償，以撫平自己心靈上受到的創傷。在華人社會裡，一向非常重視愼終追遠，一個人不能參加父親的喪禮，當然非同小可。

那麼，舉世的所羅門王，如何以睿智來處理這件紛爭呢？

以我的經驗，如果在課堂上問法律系碩博士班的研究生，他們會直截了當的回答：看法律怎麼規定？這種回答，是可取、也不可取。由好的方面來看，面對任何一件官司，能立刻想到法條；法條成爲參考座標（reference framework），而且是直覺反應，這是優點。可是，對於比較困難的案例，尤其是一些新生事物，法律通常沒有規定，一旦沒有法條爲依恃，思考上似乎就茫然不知所從。因此，以法條爲因應，並不十分可靠。

更根本的問題，是法條本身已經是某種「結果」（end results），反映了當時社會的價值判斷，也隱含了民眾透過民意代意和立法機關所作成的取捨。也就是，法條本身，已經是一個演化過程（evolutionary process）的終點，在援用法條時，除了知道法條的本身，最好還知道法條背後的思維，以及這個演化過程的來龍去脈。否則，一旦進一步追問：「當時空條件改變時，法條『應該』往哪一個方向變化？爲什麼？」面對這些問題，如果對法律只知其然、而不知其所以然，很可能就無言以對。

參考點

在大陸法系的傳統薰陶下，研究生們習慣以法條爲參考點，不足爲奇；不過，他們的思維方式，值得和其他人（包括一般人和經濟學者）的思維方式，作一對照和比較。

就一般人而言，無論學的是自然科學或社會科學，通常是以「風俗習慣」爲參考座標。從小到大，在社會化過程中，由家庭、親友、環境裡，學到很多規矩、是非、道德；在學校裡，再從老師和同學的學習和相處之中，強化了這些對錯善惡的觀念。因此，由成長過程中得到的「傳統智慧」（conventional wisdom），就成了一般人安身立命的「資料庫」（data set）。一旦面對任何情況，就理所當然、自然而然的，由資料庫裡擷取因應之道。

相形之下，受過法學訓練的人，等於是有兩種資料庫：一種和一般人不分軒輊，訴諸「傳統智慧」；另外一種資料庫，則是法學教育裡學來背來的法條和解釋。面對官司糾紛時，會以後者來因應；在生活或工作之外的領域，則是以前者來面對。當然，如果學藝不精，可能兩者不分。

和一般人及法律學者相比，經濟學者一向沾沾自喜的，是自己有一套行爲理論（behavioral theory）。行爲理論的內涵，成了經濟學者的資料庫；在面對問題時，經濟學者（至少是比較好的經濟學者）就會以行爲理論爲參考座標。

關於參考座標的概念，可以用下面的故事來說明。

殺人償命，毀了骨灰罈怎麼辦？

一旦碰上看似棘手的問題，怎麼辦？華籍著名經濟學者張五常，常提醒人要「淺中求」；由淺顯處著手，反而容易上手。我個人的作法，則是要學生們「由自己的生活經驗出發」；在自己的生活經驗裡，萃取一些相關的、有異曲同工之妙的原理原則，然後活學活用。

那麼，不管是淺中求或由生活經驗出發，毀了骨灰罈怎麼辦？

這是具體事例，不是假想性問題（hypothetical cases）或益智遊戲。在台灣中部地區，某個鄉公所擁有一座靈骨塔，塔高數層，裡面存放了數百個骨灰罈。鄉公所委託一間管理顧問公司，負責平常的經營事務。意外不長眼睛，連逝者都不放過。因為電線走火或燭火不慎，靈骨塔起火焚燒。撲滅之後，發現有上百個骨火罈已經毀損，骨灰散落一地，分不出彼此。

骨灰罈的家屬們，悲痛難耐，他們認定鄉公所管理不當，要求賠償。鄉公所召開協調大會，謀求補救。可是，數百位家屬眾說紛云，莫衷一是。協調會開了兩三次，似乎沒有任何進展。當然，人多時，事情的性質變得複雜，如果只有三兩個骨灰罈受損，又該如何賠償呢？

我曾在好幾個不同的課堂裡，問同學怎麼處理這個問題；當我到司法官訓練所去上課，面對數十位未來的法官和檢察官時，我也問他們這個問題：如果你面對這個官司，怎麼辦？說來奇怪，雖然學生裡有不少閱歷豐富、位高權重的行政主管，卻沒有人提出思考上的著力點。最多，是好幾位指出，可以把散落的骨灰收集在一起，立碑紀念。這種作法，也許解決一部分爭議，不過並沒有處理賠償的問題。

我的一得之愚很簡單，由生活經驗裡類似的例子想起。

每一個人都有送洗衣服的經驗，大概也都曾碰上或聽說衣物被洗壞的事。這時候，不論衣服真正的價值如何，包括原來客觀的售價和後來物主主觀的價值，洗衣店會照行情賠償。

行情，是洗衣界長久以來所形成的「行規」；目前的行規，是送洗價格的二十倍。因此，一件西裝上衣可能價值兩三萬台幣，但是乾洗一次的費用是新台幣一百七，所以只會賠三千四。同樣的，銀行金庫可能失竊，保管箱被偷，這時候，無論實際損失是多少，銀行也只會賠每年租金的某一個倍數。

因此，衣服送洗和銀行保管箱，提供了兩個平實面明確的參考座標（benchmark），可以作為思考骨灰罈問題的基準。因為，靈骨塔也是提供一種服務，當服務出了狀況時，就可以根據每年所收取的保管費為基準，斟酌適當的理賠倍數。無論如何，重點在於思考的基礎是「契約未履行」，而不是抽象的「生命」或「親情」！

可是，如果循這種思維模式，幼稚園也是提供一種服務，萬一園方有過失，造成幼童意外死亡，難道也是以奶粉點心費乘上某一個倍數來賠償嗎？這真是個有趣的質疑，而由這個轉折，事實上也正能突顯出生活經驗的重要，以及法律明察秋毫的細緻處。

在骨灰罈的事件裡，被保管的是已經沒有生命的物質（即使對活著的親人而言，意義非凡）；但是，在幼稚園的例子裡，被照顧的是活生生的生命。人類社會經過長期的演化，已經摸索出一些人同此心、心同此理的取捨尺度。因此，在送洗衣物和保管箱的事例裡，和生命無關，一旦出了狀況，是以服務契約的價格為基準。在幼稚園的例子裡，小朋友是重點，一旦出了狀況，則是以生命作為思索的起點。

不過，值得注意的是，即使生命本身出了閃失，都不可避免有大小高下的差別待遇。譬如，同樣是在交通意外中喪生，坐汽車、火車、飛機的賠償，就是不一樣，即使喪失的都是生命。當然，汽車、火車和飛機的經營規模不同，賠償的能力也因而有大小之分。不過，從另外一個角度看，經營規模的大小，不就間接反映了「服務契約」價值的高低嗎？坐汽車所付的票價最低，其次是火車，最貴的是飛機。因此，買便宜的勞務，發生事故時賠的金額低；買昂貴的勞務，賠的金額高。在性質上來說，這種差別，不就和送洗衣物（水洗、乾洗）以及銀行保管箱（大小之分）一樣嗎？

因此，無論是生命或物質（或介於其間的骨灰），本身並沒有客觀的價格，而是直接間接、明白隱晦的被賦予某種價格；採取生命無價的立場，除了滿足心理上高尚尊崇的虛榮，對於解決問題於事無補。

美國著名大法官荷姆斯（Justice O. Holmes）曾說：「法律的本質不是邏輯，而是經驗！」（The life of the law has not been logic; it has been experience.）其實，比較精緻的說法是：法律的本質，是由眾多經驗所歸納出的邏輯；再利用這種邏輯，去處理千奇百怪的人類事務。

殺人者死，毀了別人的骨灰罈怎麼辦？

在吃牛肉麵時，我告訴那位法學院院長骨灰罈的故事；他笑著說，在大陸法系的法學訓練裡，通常不會問學生這些問題。

行爲理論小試

經濟學者朗朗上口的行爲理論，到底是何模樣？諾貝爾獎得主寇斯曾說，由亞當斯密一七七六年的《國富論》開始——同年也是美國的建國紀念——兩百多年來，經濟學者眞正能掌握的，其實很有限；最重要的，不過是「價量反向變動」這個需求定律（law of demand）而已。

不過，這可是寇斯登泰山而小天下、舉重若輕的揮灑；行為理論的內容和智慧，確實需要一些篇幅的鋪陳。在這裡，不妨先以一個具體事例，來反映行為理論（經濟分析）的思維模式。

台北市議會曾討論一個法案，由市政府全額補助三歲以下幼童的醫療費用；幼吾幼以及人之幼，多麼令人稱道的懿行。可是，在討論法案時，有幾位議員發難：難道不該有「排富條款」嗎？以納稅義務人的血汗錢，照顧一般家庭的幼童，當然令人稱道；然而，那些千萬億萬富翁的幼童，含著金湯匙出生，難道也需要享受這種權利嗎？

由公平正義的角度來看，這種質疑確實有道理，不但擲地有聲，而且一呼百應，人同此心、心同此理。

不過，由經濟分析的角度著眼，卻有不同的考慮。排富條款的觀念，想來理直氣壯，可是，要實現排富條款，卻必須採取一連串的作法。首先，要訂出排富的原則（是以家庭所得，還是以家庭的財富為準？要不要考慮子女的人數？）；其次，要有一套制度，能記錄適用和不適用這個條款的家庭；再其次，在就醫時，要有某種方式（證件或編號）能區分出兩種身分；最後，還要有申訴仲裁的機制，以處理爭議。

為了實現排富條款，顯然要動用不少的人力物力。假設這些人力物力，每年花費五千萬新台幣；如果沒有排富條款，所有的「千金之子」所花費的醫療費用，可能是一年三千萬台幣。那麼，值不值得有這種排富條款呢？而且，表面上看起來，排富條款是照顧了一般家庭；其實，不然。因為實際操作要多花兩千萬新台幣，因此能花在一般家庭的經費，反而少了這個數額。所以，看起來、想起來正氣凜然的作法，卻可能經不起進一步的檢驗。

具體而言，在思索類似的問題（追求公平正義或追求任何價值）時，經濟學者會注意到兩個環節：一是程序（means）、一是結果（ends）。希望追求愈精緻的結果，通常要耗用愈多的資源（人力物力）；因此，追求公平正義時，不能只注意結果，而必須考慮到所付出的資源。這個概念，剛好呼應蒲士納法官的名言：「對公平正義的追求，不能無視於代價。」（The demand for justice is not independent of its price.）其實，不只是公平正義如此，對名譽、健康、美貌、愛情、事業等等的追求，能無視於代價嗎？

在這個事例裡，行為理論現身的地方，就在於對「程序」的考量。一般人的著重點，可能是在排富條款所代表的公平正義；可是，經濟分析卻會考慮，在追求公平正義時，需要耗費多少人力物力。更抽象的看，公平正義（和其他的價值）的內涵，顯然是由其他的條件所充填、所決定。

工具

無論是「幼兒免費就醫」或「排富條款」，在性質上，都是希望發揮某種作用、能達到某種目標的工具（tool）；工具的意義，值得再作一些引申。

在農業社會裡，經濟活動以農事為主，而人們所面對的風險，主要是水旱風患等天災。因此，爲了除弊也爲了興利，爲了自保也爲了自求多福，農業社會的人們會發展出各式各樣的「工具」。

兩個最明顯的例子：手足之情和對老者的尊重。因爲在農事上要一起耕田、除草、插秧、灌溉、收割，所以兄弟之間，自然而然的發展出緊密的關係。而且，除了在生產（production）上合作，在消費（consumption）和儲蓄（savings）上，也都是共存共榮、休戚與共。一旦面對天災人禍，還要互通有無，發揮保險（insurance）的功能。因此，需要爲發明之母（經濟學家會說，需要爲供給之母），在農業社會裡，人們不知不覺的雕塑出濃厚的手足之情。一般人會覺得，這是民風淳樸使然；在經濟學家（和人類學家）的眼裡，手足之情不是憑空而來，而是事出有因、具有功能性的內涵（functional purposes）。而且，爲了維護和強化這種功能，人們還會發展出相關的配套措施，以心理上或道德上的責任感、羞恥心等觀念，來支撐手足之情。

相形之下，在現代工商業社會裡，兄弟們通常不再以農爲生；有正常固定的收入，也不會受水旱災的影響；萬一有了差池，也有各式的保險和儲蓄可以因應。因此，無論在生產、消費、儲蓄、保險上，兄弟們都不再需要作密切的配合。工商業社會的手足之情，也就很自然的和農業社會裡的大不相同。抽象的看，這表示在面對不同的問題時，人們會發展出不同的工具。

長者們的社會地位，也是如此。在農業社會裡，年齡大，表示經歷過比較多的天災人禍，年齡和智慧之間，幾乎可以劃上等號。因此，年長者受到尊重，有以致之。可是，在工商業社會裡，變動的腳步加快；在資訊社會裡，「日新月異」不是形容詞，而是描述社會的名詞。在這種環境裡，趨福避禍的能力，不再和年齡以及經驗有直接的關係；因此，對長者的禮遇，也就不同於從前——在網球界，山普拉斯（Pete Sampras）是公認歷來最偉大的球王，但是他剛滿三十歲不久，就被認為已經過氣，準備退休。

在其他職業球類、演藝界、資訊業，世代交替的速度也都很快，「年高德劭」的說法，通常有複雜的含意。

規則

工具有很多種，鐵錘、鍋子、汽車、鈔票，都是工具；手足之情、敬老尊賢的觀念，也是一種工具。不過，這些工具之間，有一點微妙的差別。

手足之情和敬老尊賢，都是處理人際之間的交往。手足之間的關係，由形同水火、誓不兩立到水乳交融、不分彼此，可以看成是一道光譜；長幼之間由平起平坐到長幼有序，也是一道光譜。一旦雕塑出手足之情，等於是在這個光譜上，標示出某個固定的位置；這個定位，就隱含了行為上的規則（rule）。因此，人們藉著形成規則，而發揮了工具的功能（rules as tools）；相形之下，鐵錘和汽車等，工具只是達到目的的媒介（tools as means）。

具體而言，規則有兩種性質：既是限制（constraints）、又是資產（assets）。因為在光譜上有明確的位置，表示已經排除掉了行為上其他的可能性，所以，在行為上會受到規則的限制；在農業社會裡，兄弟之間「必須」互通有無。另一方面，因爲有明確的脈絡可以遵循，規則成爲人們能依恃的資產；在農業社會裡，兄弟之間「可以」互通有無。其實，只要稍微思索一下，就可以發現：在日常生活裡，食衣住行的每一個環節，都有大大小小的各式規則。譬如，喝湯時不能震天價響，上街時不能內褲外穿（即使是拜金女郎瑪丹娜，也只有在表演時這麼穿），曬衣時不能讓水滴到樓下，走路時不能目中無人。這些不一而足的規則，既是人們行爲上的限制，也是人們可以依恃的資產。

對經濟分析來說，除了觀察和描述規則，更重要的，是希望知其然，而且知其所以然。不只是了解一時一地的規則，而且能掌握規則背後形成的力量，當這些力量發生變化時，知道規則會如何與時俱進。

在探索規則上，人類學家提供了許多有趣的材料。譬如，在研究愛斯基摩人時，人類學家發現：他們通常是以小群體活動，人數不多。理由很簡單，在極區裡活動，人數少比較便捷，要處理覓食架屋等問題，比較有效率。他們通常對陌生人很友善，幾乎不分彼此。理由也很簡單，在極區裡，人人都可能碰上麻煩，救別人，等於是救自己。在他們的詞彙裡，關於「雪」就有八十幾個字。理由還是很簡單，在冰天雪地裡，差之毫釐失之千里，界定和區分不同的「雪」，是悠關生死的大事。

由此可見，無論是生活型態、思想觀念、語言文字，在某種意義上都是規則；採用這些規則的目的，無非就是希望能發揮工具的功能，趨福避禍、趨吉避凶。

以上對「工具」和「規則」的敘述，對法學研究至少有兩點重要的啓示：首先，聰明的人，爲了生存繁衍，會發展出各式各樣的工具，而規則是工具之一；雖然工具的形式千奇百怪，目的都是希望能解決自己所面對的問題。其次，同樣是爲了生存繁衍，在不同的環境裡，人們會發展出不同的工具。換一種說法，就是當環境裡的條件發生變化時，工具很可能也隨著改變。

悼喪權

抽象來看，工具有很多，而規則又只是工具的一小部分；同樣的，規則有很多，而法律是規則的一小部分。因此，法律是工具，也就具有工具的特性：有功能性的內涵，會因地置宜，也會與時俱進。

「悼喪權」的官司本身，其實很單純。在華人文化裡，一向強調慎終追遠，因此，承認某種形式、某種程度的悼喪權，合乎華人社會的價值體系。不過，這位老三在三年半之後，才發現父親棄養、提出告訴；一般人會問：這三年半的時間裡，爲人子者對父親不聞不問，豈有此理？所以，傷害老三悼喪權的，其實是他自己，老大何過之有？（如果老大提出反訴，要求老三分擔喪葬費用、加上利息，可能反而會勝訴！）事實上，這也正是法院的判決。在判決理由裡，法院承認了某種形式的悼喪權；可是對於悼喪權的內容、操作方式等等，並沒進一步說明。同時，法院判決老三敗訴，老大毋須賠償。

然而，針對這個官司，可以設想一些比較困難的情形。譬如，老三在葬禮過後一週，就發現父親已經過世；而且，老大連家祭都沒有，直接把遺體送進火葬場或下葬。在這種情形下，法院怎麼裁決比較好，其實並不是一清二楚。不過，即使是清官難斷家務事，這件官司還是發人深省。由工具和規則的角度來看，有幾點值得注意。

首先，過去的「家醜不外揚」，一方面表示在同一屋簷下，榮辱與共；另一方面，這種觀念也反映農業社會裡，司法的長臂有其侷限，很多時候，家庭本身就是小的司法單位，會發揮獎賞懲戒的功能。然而，隨著經濟型態的轉變和都市化的發展，操作獎懲的責任，逐漸由家庭（特別是家族宗黨）移向專業化的司法體系。其次，都市化伴隨著工商業的發展，使大家庭漸漸式微，維繫大家庭的倫常關係，也慢慢消失。剩下的，只是直系血親之間的權利義務關係，直系血親之外的倫常關係，幾乎和陌生人之間的關係一樣。即使是倫常的互動關係，也已經被契約性的互惠關係所侵蝕、所取代。

再其次，在農業社會裡，倫常關係穩定而明確；在工商業社會裡，社會持續變遷，即使是直系血親之間的關係，都不斷的調整重組。因此，過去法院有清晰的參考座標可以依恃，只須承認已經存在、眾議僉同的作法；現在，法院卻要面對模糊的行爲模式，而且本身成爲認定行爲尺度的指標。譬如，也是在中國大陸出現的事例：一位婦女嘴部因爲意外受傷，提起訴訟，她認爲，變形的嘴傷害了她親吻丈夫和子女的「親吻權」。這是單純的侵權，其實和接吻權沒有直接的關係。如果有一位婦女提出告訴，指責丈夫從來不和自己接吻，侵犯了配偶之間接吻親密的權利，一旦面對這種官司，法院眞的很難自處。

最後，也許是最重要的一點。當規則停留在「風俗習慣」的層次時，並不具有「法律」的位階，這時候，因爲各地風土民情不同，風俗習慣也就具有因地制宜的特性，容許、甚至是鼓勵個別差異。在不同地域的風俗習慣之間，彼此競爭、各擅勝場。可是，一旦風俗習慣變成司法體系所認可的規則，馬上變成全體一致、一條鞭式的排斥其餘。而且，華人文化的傳統，向來是高度的中央集權。因此，要維持文化可長可久、歷久彌新，一定要有某種機制，鼓勵嘗試、鼓勵創新，一方面可以避免陳腐老朽，一方面可以注入新的活力。而各個區域有各自的風俗習慣，基本上就有競爭和多元文化的優點。因此，除非萬不得已，不值得擴充公領域而縮減私領域的空間。

悼喪的風俗習慣，自古以來就是屬於私領域，而且在不同的地理區域，有不同的形式和內容。既然和人的基本權利無關，也就不值得由司法體系越俎代庖，憑白削減了私領域的空間，遏阻了多元文化百花齊放、百家爭鳴的可能性。

下面這個故事，和悼喪權沒有直接的關係，但是和處理善後事宜有關。

不得好死，難道不行？

和其他的動植物相比，人類對於死亡，可以說是非同小可的大張旗鼓。

人們對死亡這麼重視的原因，當然有很多。其中之一，是人們會累積財富，而這些財富在死亡時要處置；長遠來看，如果不以敬謹莊嚴的態度處理死亡，人們將沒有意願累積財富。就是因為人們慎重其事，所以在歷史上曾經出現過很多由遺產所引發的特殊案例。由這些的案例裡，也激發了法學思維上饒富興味的論對。

關於遺產最有名的案例之一，是美國南方喬治亞州參議員培根（Senator Augustus Bacon）的故事。當他在二十世紀初過世時，在遺囑裡明確指示：死後以遺產蓋一座公園，捐給市政府；但是，只有白人的婦女和小孩，可以使用這座公園！

在當時，這可是遺澤長存、備受稱道的懿行。可是，物換星移，一九六〇年代民權運動勃興，在社會改革者的眼裡，「只准白人的婦女和幼童」使用，不僅是種族歧視，而且根本就違法。

因此，民權運動者提出告訴，要求政府當局禁止這種違法措施，結果得到勝訴。但是，公園開放之後，培根的後人也提出告訴。他們宣稱，遺囑裡明確指定，公園只給特定人使用，政府當局開放公園，是違反立囑人的意旨。既然如此，他們要求依遺囑裡另外一條「無從履行」的規定，收回公園。

訴訟結果，美國最高法院裁定，培根的後人可以收回公園！

對於這個判決，蒲士納法官不以為然。他認為，當環境裡的條件改變時，毋須死守條文，而可以（應該）作與時俱進的調整。譬如，如果有人指定以遺產興建小兒麻痺醫院，當小兒麻瘅完全絕跡之後，難道還要堅持不改初衷嗎？在這種情形下，法院可以讓這種醫院轉作其他的用途。因此，對遺囑文字作生硬的解釋，再把公園收回、發給參議員培根的後人，其實不合理，而且讓他們不勞而獲（windfall gains）。

蒲氏最有趣、也最有說服力的論證，是提出一個假設性的問題：如果參議員培根再世，或者他能預見種族關係的變遷，那麼他難道還會禁止其他人進入公園嗎？蒲氏認為，以參議員培根在國會裡的表現和一生行誼來看，他相信培根會贊成開放公園。

事實上，蒲氏的論述還指出發人深省的一種思維：如果以死者為大，要恪遵遺志，那麼私人的遺囑，在位階上要比憲法更高。因為，只要經過適當的程序，連憲法都可以與時俱進的修改；相形之下，遺囑值得凌駕憲法之上嗎？

蒲氏的見解，還可以從另外一個角度來發揮。既然遺囑的實現，要依賴司法體系的支時，因此要耗用社會資源，那麼立囑人的意旨和社會上其他人的權益之間，當然值得作一折衷。

另外一件歷史名案，一八八九年發生在美國紐約，一位富豪的遺囑裡，指名由繼承人繼承遺產。可是，也許是繼承人自覺行為不檢，怕富豪更改遺囑，因此他乾脆自己動手，謀害了富豪，讓遺囑早日生效！東窗事發之後，官司接踵而來：既然遺囑裡指名繼承人，立囑人又沒有更改遺囑，那麼繼承人（殺人犯）是不是可以依囑（依法）繼承？

法院裁定，不准繼承！原因很簡單，如果在這種情形下，還承認繼承人的權利，等於是昭告天下：所有有危機感的繼承人，都可以儘早動手，只是要小心點，不要被逮住，惹來牢獄或殺頭之災。

這種傳統法學的見解，確實有相當的說服力，而且有些國家的法律，甚至明文規定：謀害立囑人，則不得繼承。可是，蒲氏卻提出不一樣的見解。

他認為，雖然遺囑裡通常不會指明，「謀害我者不得繼承」，可是這主要是因為降低立囑的成本。因為，如果問立囑人：你願意不願意讓謀害你的人繼承你的遺產？相信絕大數的人都會回答：當然不！

蒲氏的觀點，為這個問題注入新意。而且，循著「假設性的思維」，還可以作進一步的探究。試問：如果立囑人被繼承人謀殺，但是未遂；立囑人康復之後，還是不改遺囑。或者，即使曾被謀殺，立囑人為了確保繼承人的權益，乾脆在遺囑裡註明：我太摯愛這位繼承人了，因此即使他謀害我，我還是希望由他來繼承！

在這種情況下，怎麼辦？根據「假設性的思維」，這時候就應當尊重立囑人的意旨，即使是被繼承人謀害，還是讓他繼承。可是，由另外一種觀點來看，司法體系對立囑人的權益，難道是沒有條件的完全加以保障嗎？因為，就像一般契約，法律尊重當事人自願訂定的條款，但是以不違反社會的公序良俗為限。立囑人的意旨受到尊重，但是也受到某種程度的節制。就像如果參議員培根再世，而且還是堅持公園只容許白人的婦女和兒童使用，那麼法律確實可以依違反「民權法案」，判定這種意願違法。

因此，也許死者的確為大，但是不能大到無窮大；人確實可以不得好死，卻不是任何一種的不得好死！

如果有人立下遺囑，要求自己死後親屬不得悼喪，那麼他是不是剝奪了親人們的悼喪權？

結語

《你的房屋，我的房屋》是一本兒童圖畫故事書。我認爲這個書名很有趣，因爲房屋可以作抽象的解釋；房屋，可以看成是智識上安身立命的所在。所以，這個書名可以解讀成：你的思維方式，我的思維方式；你的世界觀，我的世界觀；你的法學見解，我的法學見解。

在這一章裡，我藉著中國大陸悼喪權的實例，闡釋了一些相關的觀念。主要的內容有兩點：首先，我強調在分析法學問題（特別是官司）時，法律條文本身只是一部分，重要的是分析的角度、分析所依恃的資料庫，以及分析所仰仗的理論。我也從經濟學行爲理論的角度，說明在追求任何價值時，必須考慮到所耗費的資源。其次，我以手足之情爲例，解釋工具的意義；在不同的時空條件下，人們會發展出不同的工具。規則，是工具的一種；法律，則是規則的一部分。由工具和規則的角度來認知法律，可以比較完整、比較深入的掌握法律的內涵。

在吃麵時，那位法學院長告訴我，他會密切注意我這一系列文稿。所以，我想他會看到這篇文章。下次再碰到他時，他可能會說：以悼喪權的官司作引子，烘托出經濟分析的特殊著眼，確實有趣。不過，對於經濟分析的行爲理論，這篇文章卻只有輕輕帶過。經濟分析的行爲理論，到底是什麼？

其實，不只是法律學者好奇，要平實、精確、完整、有趣的呈現行爲理論，對經濟學者而言，也是一項挑戰！

相關文獻：

1. Coase, Ronald H. *The Firm,the Market, and the Law*, Chicago: University of Chicago Press, 1988.
2. Frey, Bruno S. *Economics as a Science of Human Behavior*, London: Kluwer, 1992.
3. Holmes, Oliver. *The Common Law*, Boston: Little, Brown and Company, 1923.
4. Karpoff, Jonathan M. "Public Versus Private Initiative in Arctic Exploration: The Effects of Incentives and Organizational Structure," *Journal of Political Economy*, Vol. 109，No. 1, pp. 38-78, 2001.
5. Landa, Tai Janet. *Trust, Ethnicity, and Identity*, Ann Arbor: University of Michigan Press, 1994.
6. Posner, Richard A. *Economic Analysis of Law*, 3rd ed., Boston and Toronto: Little, Brown and Company, 1986.

【第三章】

人的刻畫

——初探經濟學的行為理論

前言

經濟學向其他社會科學擴充，而且頗有斬獲，這是不爭的事實；芝加哥大學的賴濟耳（Edward Lazear）教授，就曾以「經濟帝國主義」（Economic Imperialism）爲名發表論文，探討這種現象。

爲什麼經濟學有這種威力，可以「無入而不自得」？在試著回答這個問題之前，我可以先以個人經驗，稍稍描述經濟分析的威力。首先，在閱讀其他社會科學的論文時，我常有一種感覺：二、三十頁或更長的論文，篇幅雖然可觀，可是要表達的其實很簡單，只要用經濟學裡的一兩個觀念，通常就能「一言以蔽之」。因此，經濟分析的長處之一，是可以以簡馭繁。

其次，我曾教過許多推廣教育的課程，學員大都是四、五十歲左右的管理階層。對他們來說，很多人是一輩子裡第一次接觸經濟學。每當課程結束後，總是有人告訴我：沒有想到經濟學這麼有趣、也這麼好用；對於大大小小的社會現象，都可以由經濟分析的角度，得到簡單明快的解釋。因此，經濟學的另一個長處，是面對不同的現象，可以一以貫之。以簡馭繁，表示在面對複雜的社會現象時，可以掌握重點。一以貫之，表示在解讀各種社會現象時，可以有恃無恐。對於經濟學者而言，經濟學所以具有這些優點，主要是因為經濟分析有一套強而有力的「行爲理論」（a behavioral theory）。這套理論的基礎，就在於經濟學者朗朗上口的「經濟人」（the homo economicus）。掌握了經濟人的特質，在相當程度上，就掌握了經濟分析的特殊思維。

那麼，什麼又是經濟人呢？在這一章裡，我將從不同的角度，探究經濟學家所認知的「人」。

人的特質

- 對於有些人來說，世界上只有「好人」和「壞人」這兩種人！
- 對於另外一些人來說，世界上只有男人和女人的差別！
- 還有些人認爲，差別只在於三十歲以下的人和三十歲以上（也就是那些不値得信任）的人！
- 當然，有些人根據星座來判斷，因此世界上總共有十二種人！

和這些不一而足的看法相比，在經濟學家的眼裡，「人」又是什麼呢？既然經濟學號稱是

（自封為）社會科學之后，經濟學家對於萬物之靈到底有什麼獨特的見解？

對於這些問題，可以先從兩個角度來思索。首先，想想其他學科的例子。對一個化學家而言，世界上有千奇百怪的事物；不過，追根究柢，一切物質都是由一些「基本元素」組合而成。同樣的，對一個數學家而言，所有的運算都可以歸納成加減乘除這四種；事實上，減乘除還是由「加」的運算衍生而來。社會科學分析的對象是人，以及人的行為所形成的社會現象。所以，要分析社會現象，前提就是要了解人的行為；而要分析人的行為，前提就是要掌握人的特質。因此，經濟學家把人的特質當作分析的基礎，就像化學家把基本元素、數學家把加減乘除當作分析的基礎一樣，由基礎出發，再建立一套完整的分析架構。

其次，或許有些人會覺得，「人就是人，人的喜怒哀樂和情感理智是天生的，要探討人的特質，是個很奇怪的念頭」。不過，大家可以先在腦裡想像下面的一連串景象：

- 神風特攻隊的隊員爬進機艙，準備起飛。
- 童年好友結婚，自己從香港坐飛機到台北參加婚禮，當天深夜再趕回香港；
- 買電視時，花了很多時間和老闆討價還價，最後因為老闆不願意再降一點，結果沒買成；
- 自己上街選購一件衣服；

雖然這些（和其他千萬種的）景象南轅北轍，可是反映的都是人的行為。一套好的分析架構，應該可以一以貫之的、由同樣的基礎出發，來解釋這些不同的景象。顯然，就理論的發展而言，需要一些比「喜怒哀樂、情感理智」更明確精緻的概念。

經過長時間的探討，經濟學家歸納出兩點人的特質：「理性」（rational）和「自利」（self-interested）。

理性

對於經濟學家認爲「人是理性的」，一般人直覺的反應通常是：人，「當然」不是理性的；人是情緒（感情）的動物，而且人常會做出一些「不理性」的事。不過，讓我們抽繭剝絲，看看經濟學家到底怎麼自圓其說（謊？）。

當經濟學家主張「人是理性的」時，是指人是「能思索」而且「會思索」的一種動物。人具有認知環境的能力，人也具有分辨和思維的能力；而且，人不只是具有這些能力，人事實上「會」運用這種能力。對於經濟學家來說，人能思索並且會思索，可以說是一種很平實中肯的描述。事實上，如果我們不接受「人是理性」這種描述，而採納另外一個極端，我們將很難理解所觀察到的現象：如果人不能也不會思索，那麼人爲什麼會依交通號誌過馬路？爲什麼人又能利用自動提款機提款？

當然，人往往會衝動或情緒化，不過這並不表示人是不理性的。試問，在面對自己的師長上司時，一個人通常會很衝動和情緒化嗎？在考試作答時，大部分人都是興之所至的隨便勾選嗎？即使是一時衝動買了件昂貴的衣服（或和別人吵了一架），這個行爲的背後隱含著這已經是經過自己的過濾，自己知道可以承擔這個偶然事件的後果。而且，退一步考慮，那些「衝動、情緒化」的行爲畢竟只占一般人行爲裡的一小部分，因此經濟學家可以把分析的目標放在絕大部分其他的行爲上。

不過，即使接受「人是理性的、會思索」這種假設，還必須處理「不理性」的問題。一般人會認爲，吸毒傷身、跳樓自殺、貪吃甜食等等，都是不理性的行爲。可是，這種觀點隱含一些值得澄清的問題：首先，「理性」是一種主觀的概念；人會思索，指的是一個人會根據自己的情況而進行某種心智活動。我不多吃甜食是我的理性，別人多吃甜食是別人的理性；我不能以我的取捨，論斷別人的取捨。（因此，參加神風特攻隊的隊員，可能是基於同儕壓力或其他的原因而加入，由一些史料來看，至少有些隊員在心裡經過相當的掙扎。）

其次，「理性」只是指人能思索而且會思索，並不表示思索之後所採取的行爲一定會有好的結果。昨天我很理性的買了十張股票，今天股票大跌，我賠了錢，雖然我很懊悔，可是我（和其他任何人）顯然不能用後來的結果來否定原先的斟酌思維，因爲行爲和結果是發生在兩個不同的時點上。再其次，理性當然也有精細和粗糙的分別；喝兩大杯金門高粱之後的思索能力，當然和清醒時不同；小朋友對事情的斟酌拿捏，也當然和成人不同。不過，除非是醉爛如泥、步履蹣跚的人和襁褓中的嬰兒，人都能思索而且會思索——人都是有理性的。

最後，是關於理性的客觀性。你有你的理性，我有我的理性；我不能以我思索的角度否定你的思索角度，就像我不能以我的審美觀來論對你的審美觀一樣。不過，如果在內在的思索和外在的判斷上，我們之間有某種交集，這時候「理性」又多了一層意義：我們可能會基於同樣的考慮，而採取同樣的行爲，譬如我們都不會爲了省錢而坐慢車。那麼，對「我們」兩人而言，坐慢車省錢是「不理性的」。這是指對我們兩個人來說，省錢坐慢車和我們對其他事物的思索判斷格格不入；可是，對其他人而言，省錢坐慢車可能是理性的，因爲能慢慢的欣賞沿路風景！

總結一下：理性，反映了人在行爲上的自主性，也隱含了人對於自己的行爲，有思索評估的能力。

自利

「人是自利的」，這是經濟學者對人的特性所作的第二種描述；當然，一般人對這種描述的反感，可能要比對於「人是理性的」的反感更強。反對的理由主要有兩點：第一，人事實上不是自利的，因爲人會做很多利他的事；第二，人「不應該」是自利的，人「應該」爲他人著想。前面的理由，是實然面（positive）的質疑；後面的理由，是應然面（normative）的考慮。我們可以細細琢磨，這兩點理由的曲直。

讓我們先標列出兩個參考點：一是極端的自私；一是極端的利他。開車時搖下車窗、丟出垃圾，這可以說是極端的自私；日行多善之外，每個月還把薪水的絕大部分捐給慈善事業，這可以說是極端的利他。以這兩個參考點爲左右端點，我們可以想像有一道寬廣的光譜（spectrum），介於兩個端點之間有無窮多的點，而這道光譜涵蓋了行爲的各種可能性。

對於經濟學者而言，這道光譜上各個點所表現出來的行爲不同，不過所有的點都可以從「人是自利的」這種角度來解釋。「搖下車窗丟垃圾」是自私，當然也就是自利；捐錢作善事雖然是利他，可是同時也爲自己帶來心理上的慰藉滿足，這顯然也是自利。因此，不論行爲表現的外觀是如何，在本質上總有自利的成分。

此外，當經濟學家說「人是自利的」時，他是指「人會設法追求自己的福祉」，重點是在於「自己的」和「福祉」這兩點。追求自己的福祉，並不表示一定會侵犯或傷害到別人的福祉；而且，福祉是包括物質、心理、精神上的福祉。我們很難想像，一般人的絕大部分行爲（也就是社會科學家所分析的對象）是完全不顧自己、是完全要讓自己變得難過和不適。

事實上，在大部分時候，人的行爲是比較接近光譜上「搖下車窗丟垃圾」的那個端點。試想，當我們去買水果時，選了（我們「自己」認爲）漂亮、甜美、可口的之後，不是就讓別人不能再買到這些較好的水果嗎？因此，就某種意義上來看，我們的行爲在利己的同時，不也間接的傷害到其他人嗎？我們希望自己的成績好、工作表現出色，不都隱含了其他的人會相形遜色嗎？因此，當我們掠去行爲的表象之後，我們會發現：雖然表現的方式不一，人其實都是在設法增進自己的福祉，讓自己覺得比較快樂、比較高興、比較有成就感、比較有道德！

關於「人的行為應該利他」的觀點，也值得仔細斟酌。首先，社會科學是探討社會現象「是」（is）如何，而不是社會現象「應」如何。即使社會科學家（似乎）有責任提出興革建議，以改善現況，可是在能有效的解釋實際情況「是」如何之前，我們並不具有指引方向的條件。直接論述「應」（should）如何，只是道德上的呼籲，也許滿足一般人心理上的期望，但顯然對分析實際現象毫無幫助。

其次，我們可以在比較抽象的層次上處理這個問題。如果我們接受「人應該是利他的」這種原則，那麼一個人如何處理不同關係的交往——和家人相處、和親戚相處、和好朋友相處、和陌生人相處呢？這些關係的親疏遠近，難道不是已經反映出「自己」這個因素的重要性？也就是，一個人會根據自己的（利害）考慮，而決定「利他」的程度。

再其次，「應該」代表的是一種束縛，也就是限制了行為上自由取捨的空間，一旦把這種束縛形成內在的一種規範（我應該誠實），那麼遵守規範本身也隱含自利的成分（因為我說了實話，所以我心裡很坦然）。不過，更關鍵的問題是，為什麼人會為自己加上一些束縛，為什麼人要自綁手腳？

以家庭之內的倫常為例：我們「應該」孝順父母，不只是對父母劬勞的回報，更重要的是，只要在觀念上形成「孝順父母」的規範，大家在行為上就自然有大致的脈絡軌跡可循。父母和子女在相處互動上會容易得多，大家都得到好處。因此，「應該」所隱含的規範，其實是尋求在較大的範圍上增進福祉。這當然還是自利，不過這時候的自利不再是以個別事件的利弊得失為著眼點，而是跨越時空以及單獨的個人。而且，要能維繫某種規範，一定要有配合支持的條件。家人朝夕相處、禍福與共，才可能培養出緊密的倫常關係；公寓大廈裡的住戶彼此生活作息不一、平日不相往來，顯然很難要求鄰居「應該」守望相助。

總結一下：追根究柢，人是自利或不是自利的問題很簡單，我們只需要自問：站在一個社會科學研究者（而不是一個宗教家、哲學家）的立場，根據哪一種假設出發，比較容易解釋我們所觀察到的社會現象？

下面這個故事，就很巧妙的反映了，即使在莊嚴神聖的宗教領域裡，都含有「理性、自利」的成分。

人神之間

前一段時間上課時，討論到人的「自利心」，少不了又有一番爭議；許多人質疑：人不完全是自利的，慈善家和宗教家都是一心為人、是利他的。我覺得多言無益，就福至心靈的出了個家庭作業：以三人一組為單位，去探究一下在宗教和慈善團體裡，到底怎麼處理「資源分配」和「獎懲升遷」的問題。

對我來說，觀念很簡單：在宗教和慈善團體裡，也面對資源分配的問題。同樣一筆錢，用到一種志業，就不能用到其他志業；負責不同志業的人，難道不會為自己的志業爭取資源嗎？同樣的，宗教和慈善團體裡，既然是組織，就有各種職務和位階。難道這些組織裡的人，不會有競爭較勁的情懷和作為嗎？

兩個星期之後，我收到繳來的作業，雖然寫得都很用心，但是其中只有一組真正觸及問題的核心——他們從台北搭飛機到東部花蓮，實地訪談一個著名的宗教團體；他們發現，這個團體是以微妙的方式，處理資源分配和獎懲升遷的問題。

有趣的是，很多報告提到，當他們訪談一些宗教和慈善機構時，剛開始氣氛都很好。但是，一旦他們問到實質的競爭和取捨問題時，受訪者往往臉色大變，然後冷漠以對。

對於一般人來說，由「自利心」的角度來看慈善和宗教團體，似乎是以小人之心度君子之腹，是一種褻瀆。不過，如果能保持著一點智識上的好奇，再心平氣和一些，也許可以對宗教和慈善活動有更深刻的了解。

芝加哥大學法學院講座米勒教授（G. Miller），一九九三年在知名學術刊物《法學論叢》（*Journal of Legal Studies*）發表論文，對聖經的內容提出一種前所未有、但發人深省的解釋。

論文的主旨，可以藉著一個假設性的問題來反映：一個廠商會設法包裝自己的產品，以吸引消費者，並追求自己的利益。同樣的，古希伯來時代的祭司們，也可以看成是提供祈禱祭祀的廠商，他們既是決定宗教儀式的裁判，又是享受祭祀奉獻的受益者。那麼，他們會如何設定各種遊戲規則，以符合自己的利益呢？

聖經創世記裡該隱（Cain）和亞伯（Abel）兩兄弟的故事，提供了鮮活的說明。哥哥該隱是農夫，弟弟亞伯是牧羊人。亞伯把羊群裡的頭胎羔羊（firstborn）帶到祭壇作為奉獻；該隱的奉獻則是他收成的一些農作物。耶和華（透過祭司）接受了亞伯的禮物，卻拒絕了該隱的獻禮。該隱既羞且怒，因此在曠野裡謀害了亞伯。耶和華察覺了該隱的罪行，就在他額頭上烙記（Mark of Cain），罰他終生流浪、受人唾棄。

米勒認為，這個故事透露了幾點訊息。首先，對祭司而言，羊肉不只比農產品味道鮮美，而且比較有價值；其次，以「最先得到的收穫物」（the first fruits rule）作為祭品，可以確保（祭司）的收入。還有，祭品不夠豐盛的，會被拒絕；讓該隱流浪示眾，等於是四處宣揚祭禮的遊戲規則。

此外，亞伯拉罕（Abraham）的故事，也同樣耐人尋思。神告訴亞伯拉罕：「帶著你摯愛的兒子以撒（Issac）到摩利亞（Moriah）高地的祭壇，把他焚烤作為祭禮。」虔誠的亞伯拉罕帶著兒子，跋涉三天之後到達祭壇，當他把以撒綁在一堆木柴上，正準備下手時，耶和華的使者出現。

使者要亞伯拉罕放開自己的兒子，改以一頭公羊作為祭品；然後，使者向他開示耶和華的旨意：「為了侍奉我，你願意犧牲最鍾愛的兒子；因此，我將降福到你身上。你的子孫，將如天上的星辰和海灘上的沙一般的繁茂；你的子孫將所向無敵——因為你遵從我的指示！」

在常人眼裡，把親生兒子獻為祭品，當然不可思議。但是，抽象來看，這個故事隱含了一些對祭司有利的遊戲規則。

如果自己最憐愛的孩子都可以奉獻給神，獻出其他的牛馬牲畜、金錢財物，當然更順理成章。還有，在三天的旅程裡，亞伯拉罕不但要耗費時間和人力物力，一定也經歷心理上的煎熬試煉，而終能堅持到底；因此，侍奉神，自然要有所付出。而且，亞伯拉罕要長途跋涉，到指定的祭壇才能獻上祭禮。因為，如果亞伯拉罕就地行禮如儀，固然不能測試他的決心；更重要的，是祭司將分享不到祭禮。另外，三天的旅途，也許反映了市場區隔的基本原則；在三天行程所能到達的地方，只有一個祭壇。如果同時有好幾個祭壇，祭司們彼此競爭，很可能同蒙其害。

在論文裡，米勒多次強調：以廠商的角度來認知祭司，再由廠商自利的角度解讀有關祈福奉獻的作法，確實可以有效的闡釋聖經的某些內容。不過，這當然只是「一種」而不是「唯一」的闡釋。米勒的論文，解釋了祭司的自利心，也提供了解聖經的新視野；不過，更根本的問題是，到底有沒有「神」呢？

對於這個問題，米勒沒有處理；也許是基於自利心，不要太得罪神——或是不要太得罪人？

效用函數

根據「理性」和「自利」的刻畫，經濟學家開始建立他們的分析架構。除了在文字上描述理性和自利，經濟學者希望能更簡潔精確的用數學來表示這兩個特質。因此，第一步，他們宣稱人的行爲可以用一個「效用函數」（utility function）來表示。譬如，U（三個蘋果）＝6單位效用，U（兩塊麵包）＝5單位效用；而且，還可以進一步簡寫成 U(x)=6, U(y)=5。第二步，理性和自利會反映在這個效用函數的特性上。

以效用函數代表人，這是第一步；以效用函數的特性來反映理性自利，這是第二步。在巧妙的完成這兩個步驟之後，人已經變成一個「效用函數」；既然效用函數是以數學來表示，經濟分析當然就可以運用數學精確、迅速、有效的進行。經濟學能在短短兩百多年以來累積可觀的智慧，能在社會科學裡獨領風騷，可以說都和分析方法上大量的運用數學有關。

效用極大化

關於效用函數，經濟學者作了很廣泛的運用，其中又以「效用極大」爲主。

關於效用極大化，諾貝爾獎得主貝克可以說是其中最著名的一位。他強調，自己的分析架構主要有三個核心概念：穩定的偏好，效用極大，均衡。而他對經濟分析無比的信心，可以由下面一點事實看出：在一九七六年，他曾出版一本書，《人類行爲的經濟分析》（*The Economic*

Approach to Human Behavior）。但是，當他在一九九三年得到諾貝爾獎時，他的演講題目是：「由經濟分析的角度觀察行爲」（The Economic Way of Looking at Behavior）；行爲，當然不限於人的行爲。對於貝克十足的信心，另一位諾貝爾獎得主寇斯就頗不以爲然；因此，他話中多少有點澆冷水的味道：「不只是人會追求效用極大，老鼠、烏賊也都會。」

人在行爲上是不是會「效用極大化」呢？一般人會覺得不可思議，自己在生活呼吸、工作行動上，可能從來沒有想過要「效用極大」；「極大化」這個概念似乎從來沒有出現在腦海裡，這是否又是不辨菽麥的經濟學家所玩的益智遊戲？其實，不只一般人有這種質疑，連得到諾貝爾獎的經濟學大師都不能苟同「極大化」的觀點。美國的赫伯·賽門（Herbert Simon）一直主張，人的思維計算能力並不是無遠弗屆，人具有的是「有限理性」（bounded rationality），而不是「無窮理性」。試想，除了圍棋高手，一般人恐怕最多只能猜測對手未來的兩三步。

因爲人是有限理性，所以人在行爲上並不是追求效用極大；實際上人會根據對環境的認知和自己有限的思維，作出能讓自己滿意即可的選擇。和「效用極大化」的觀點相比，賽門「適可而止」（satisficing）的論點似乎更接近血肉之軀的人，這種和絕大部分經濟學家唱反調的意見，使賽門成爲非主流經濟學家陣營中的大將。但是，他不同流俗的慧見，也使他成爲最早得到諾貝爾獎的經濟學家之一。

可以比較

效用函數的另外一個特性，似乎卑之無甚高論：把任何兩個東西（A和B）放在眼前，我或者喜歡A，或者喜歡B，或者一樣喜歡。可是，稍稍琢磨，這個不起眼的特性，可以精確的反映出人理性自利的特質。

首先，這個特性是指「任何兩個東西」；如果放在眼前的是麵包和蘋果，要比較取捨很容易。可是，如果放在眼前的是環境和經濟發展、個人的升遷和社會的福祉、兒童先換腎和成人先換腎等等。這個條件就隱含著：即使面對這些困難的抉擇，人還是能在斟酌之後，作出取捨。人是不是這樣呢？

其次，「或A、或B、或A和B一樣好」的條件，在實質上排除掉其他的可能性。當一個人面對某種兩難的情形時，他可能既不喜歡A、也不喜歡B，而且A和B也不一樣；他選擇的是「放棄」或「延後再議」。可是，這個條件，排除了這些可能性。換言之，這個條件意味著人不會逃避，人也不會猶豫不決；人不只是「能」比較，人實際上也「會」比較。

由以上這兩點來看，「可以比較」的說法似乎有點搖搖欲墜的傾向；不過，讓我們試著闡明這個假設積極的意義：首先，在A和B之間作比較和選擇其實只是表面，更重要的是這種特性所隱含人的思維能力。「好或不好或無所謂」表示人不但能認知（譬如）「留學」和「就業」的含義，而且還可以意識到這兩種選擇對自己的意義。也就是說，人能比較和選擇，表示人能根據自己的思索判斷，了解自己的行爲（選擇）和各種事物之間的因果關係。因此，選留學或就業並不重要，重要的是比較和選擇所反映出人的思維能力——人是理性的。

其次，對於任何的A和B，能先比較和後選擇，表示人是從「相對」的角度來認知這個世界。我們可以以兩個例子來反映：第一，有人對宗教信仰很虔誠，認爲信仰是絕對的。可是，當我們說宗教是「絕對的」，事實上已經把宗教和所有其他的事物放在一起比較，在其他事物的襯托之下，才顯示出宗教的（在相對上的）絕對。

第二，故宮裡的珍藏是無價的，也就表示這些珍藏的價值是至高無上、不會被凌駕超越的。可是，博物館之間在交換互贈時，不還是會斟酌比較，希望在禮尙往來時能恰如其分？顯然，在眾多無價之寶之間，還是有「比較無價」的無價之寶。而且，對於故宮的無價之寶，我們事實上要動用人力物力去保養防護。既然人力物力是有價的，因此，對於無價之寶，我們還不得不琢磨出適當的有限價值來烘托。此外，我們還可以進一步問，這些無價之寶的價值眞的是絕對的嗎？如果情勢所逼，我們必須在存亡和故宮之間作一抉擇，難道我們會堅持這些故宮珍藏的價值是絕對的嗎？

關於「可以比較」特性，最重要的含意在於這個特性表示：人可以根據自己的認知和思維，對任何有形無形、精神物質、具體抽象的東西加以比較。因此，人不但能在蘋果麵包之間比較取捨，人還可以在道德良知上斟酌抉擇。美醜、善惡、是非、對錯等等價值，事實上就是人爲了幫助自己思維比較而慢慢發展出的一些概念。這些概念逐漸形成一套「價值體系」（value system）；而經濟學者根據「可以比較」的特性，就能夠嘗試分析這套價値體系的結構和內涵。由此可見，經濟學的精髓所在，並不在於對商品勞務貨幣價格的探討，而是更廣泛的對「價値體系」作很基本的分析；價格體系（price system），只不過是整個價値體系中的一小部分而已。

和其他社會科學相比，經濟學的獨特性可以說就反映在「可以比較」這個概念上。政治學是從政黨權力等的角度分析，法學是從公平正義等的角度立論，社會學是從角色規範等的角度論述；相形之下，經濟學是從「可以比較」所隱含的「相對性」出發，建立一個分析人類行爲的理論架構。「相對」的觀念雖然有點抽象，但精緻的反映經濟學這個學科的核心精神。

由經濟人到法律人

在經濟分析裡，以人作爲基本的分析單位，而且認爲人具有「理性」和「自利」這兩個特質。相形之下，在法學裡，並沒有所謂的「法律人」；偶爾有人用「法律人」這個名詞時，是指法律系的學生或以法律爲業的人。在法學裡，是以「概念」（concept）爲基本元素，在概念之上發展各家的理論。

不過，法學論述裡，也有人的跡影。在某些官司（特別是侵權行爲）裡，會提到「正常人原則」（the reasonable person rule）；根據一個正常人的思維、注意力，在行爲上有沒有過與不及的地方。還有，在另外一些官司（特別是契約問題）裡，會涉及「專業標準」（due care）；根據各行各業（律師、水泥工、理髮師等等）的行規，在專業上應該達到某些水準，如果沒有達到這些業內所公認的尺度，就應該承擔意外或損失的責任。

無論是「正常人原則」或「專業標準」，都隱含賦予當事人某些責任；也就是，在行爲上，法律認定當事人應該或必須採取某些作爲或不作爲。當然，這些責任是有限度的，超過這個（有時候很模糊的）限度，當事人就毋須對意外或損失負責。可是，這是一種針對各行各業、各種情況而有的體會；是一種「點的智慧」（pointwise wisdom），而不是一套一般性的理論，可以應用到各個不同的領域。

由另外一個角度來看，對於法學裡的問題，特別是各式各樣的官司，「理性、自利」的概念其實有很大的發揮空間。因爲，由這兩種特性出發，比較容易掌握當事人的心理和行爲。譬如，當交通違規的罰款提高之後，違規的人數會減少；因爲，人是理性自利的。又譬如，暴風雨中遊艇闖進私人碼頭，撞壞了碼頭設備。碼頭主人提出侵權的告訴，法庭以「緊急避難原則」，裁決被告沒有過失，但是要賠償修繕費用。由理性自利的著眼點，不但可以解釋遊艇的行爲、碼頭主人的反應，也可以解釋法庭的立場——對任何人而言，都有可能碰上急難，承認某種程度的緊急避難原則，長遠來看對社會比較好。

總結一下，在法學裡，對於人的特質並沒有特別的探討；由理性自利的角度，反而容易理解法學裡的許多問題。

結語

人的特性不像「雞蛋是橢圓的，油條是淡黃色的」這麼簡單明確；沒有人能剖開胸膛，證明自己是理性自利或不是理性自利。面對人千奇百怪的行為，經濟學家希望能找出源頭；由最根本的地方開始，建立一個在相當程度上能放諸四海皆準的分析架構。理性自利、效用函數、效用極大化等等，都是這個智識探索過程中的足跡。這個智識之旅當然還沒有到達終點，不過萬物之靈的人，畢竟已經不像過去那麼令人難以捉摸了！

在這篇文章裡，我簡單的描述了行為理論的基礎——經濟人。就內容而言，有兩個重點。首先，無論效用函數的特性如何，行為理論的核心觀念是：「人是理性、自利的」。在分析社會現象時，追根究柢，總可以歸到人的這兩個特質上。其次，人作比較的基本特質，反映了經濟分析採取的立場是「相對」而不是「絕對」。這個角度雖然看似平凡無奇，卻常被忽略，包括篤信經濟帝國主義的許多經濟學者在內。

相關文獻：

1. Becker, Gary S. *The Economic Approach to Human Behavior*, Chicago: University of Chicago Press, 1976.
2. ---------. "Nobel Lecture: The Economic Way of Looking at Behavior," *Journal of Political Economy*, Vol. 101, No. 3, pp. 385-409, 1993.
3. Coase, Ronald H. *The Firm, the Market, and the Law*, Chicago: University of Chicago Press, 1988.
4. Demsetz, Harold. *Ownership, Control, and the Firm*, New York: Basil Blackwell, 1988.
5. Lazear, Edward P. "Economic Imperialism," *Quarterly Journal of Economics*, Vol. 115, No. 1, pp. 99-146, 2000.
6. Miller, Geoffrey P. "Ritual and Regulation: A Legal-Economic Interpretation of Selected Biblical Texts," *Journal of Legal Studies*, Vol. 22, pp. 477-490, 1993.
7. Simon, Herbert. *Models of Bounded Rationality*, Cambridge, MA: MIT Press, 1982.

【第四章】

人生而自由平等?!

——權利的剖析

前言

「天，賦人權！」

「不自由，毋寧死！」

「人，生而自由平等！」

「生命誠可貴，愛情價更高；若爲自由故，兩者皆可拋！」

學術界裡，一向有各式各樣的論戰；法律學者馬洛一教授（Robin Malloy）和蒲士納法官之間的論戰，不算頂有名，但是很有啓發性，很有微言大義的味道。

馬洛一和蒲士納所受的教育，都是正統的法學教育，不過蒲氏後來接觸經濟學，進而宣揚經濟學。所以，兩人之間的論戰，在某種意義上也是法學和經濟分析的論戰。他們兩人先在學術期刊上打筆仗，過招之後，自己和別人都意猶未盡。於是，好事之徒，就成人之美的安排一場公開辯論；一九八九年的某一天，在美國西羅秋斯大學（Syracuse University）碰面。

當晚兩人舌劍脣槍的內容，後來編成一本書，名爲

《亞當斯密和法律經濟學的哲學思辨》（*Adam Smith and the Philosophy of Law and Economics*）。兩人口才文采都好，也都留下一些畫龍點睛的美言佳句。馬洛一主張，在任何情形下，奴隸制度都是可憎的制度，毫不可取；而且，他表示：

> 我不能苟同蒲士納法官所贊成的理論；對於那些不明確反對他立場的學者，我也不能苟同。

這句話的前半段，是針對事；後半段，是針對人，而且有點火藥味。相對的，蒲士納則是作了很生動的譬喻：

> 在自然狀態下，我們只不過是比較文明的猴子，晃來晃去、彼此饗以石塊……生活在群居社會裡的奴隸，要勝過生活在原始狀態的自由人……當奴隸制度取代了對戰俘的屠殺，這可是道德上的進化。

兩句話都擲地有聲；可是，到底誰的觀點比較有說服力呢？也許，由這兩段短句中，不容易看出端倪。要分出秋毫，需要更仔細的論證。

法學論述——之一

二〇〇〇年秋天起，我利用休假一年的時間，到英國牛津大學訪問研究。牛津法學院赫赫有名，是西方法學重鎮之一。

我旁聽了很多法學院的課，有一門是「財產權專題」，教授是哈里士博士（James Harris），一位令人肅然起敬的盲人學者。他寫了好幾本書，我仔細讀過其中兩本，一本是《財產和正義》（*Property and Justice*）。這本書主要分成前後兩部分，前半段論證闡釋「財產」的概念，後半段則是闡揚「合理（合於正義）的財產權結構」。財產權，當然是權利的一種。

要由正義的理念過渡到財產權的結構，顯然需要有適當的聯結。這個關鍵，就出現在第十章。在這一章裡，哈里士明確列出他認爲合於正義的三個基本條件；他認爲，一個正常的社會（或任何一個通情明理的公民），會接受這三個條件。因此，符合這三個條件，財產權的結構就是合於正義：第一，承認自然的平等（natural equality）；第二，接受選擇自主的價值（the value of autonomous choice）；第三，強調身體的尊嚴不受任意侵犯（the banning of unprovoked invasions of bodily integrity）。

這三個條件，看來合情合理，大概沒有人會反對。但是，重點在於，他所建構的理論，不是以「眞實世界」爲基礎，而是訴諸讀者「理念上的支持」。眞實世界，是實然（positive），是已經出現的事實；理念，是應然（normative），往往只是某些人腦海裡的設想。應然和實然的差別，非常重要，下面還會再作澄清。

法學論述——之二

在法學界，杜爾金教授（Ronald Dworkin）被譽為是當代最重要的法理學學者；他原先在美國紐約大學任教，後來被重金禮聘，擔任牛津大學「法理學講座」的講座教授（Professor of Jurisprudence）。牛津法學院裡，設有好幾個講座，法理學講座是其中最重要的，是代表整個牛津法學院的龍頭。

後來，美國紐約大學再以更優渥的條件，請他風風光光的衣錦榮歸。他論述不輟，而且筆下的法學論著，有幾本叫好又叫座，版稅收入可觀，據（一位牛津法學院的教授告訴我）說，他在美國麻州外的渡假名勝「瑪莎芬雅」（Martha's Vineyard）島上都有別墅。說他是法學界的超級巨星，大概並不為過。

依我個人淺見，杜爾金的口才比文筆好。二○○一年初，他應邀到牛津演講，當晚的演講場地由一個三、五十個座位的小房間，臨時改到最大的廳堂。整個場面，只能以冠蓋雲集、群賢畢至、少長咸集來形容。一個小時的演講過程裡，笑聲不斷，結束時，喝采和掌聲延續了好幾分鐘。

相形之下，他的文筆可有天壤之別，幾乎可以用「無法卒讀」來形容。我曾在牛津的書店買了一本舊書，是他最著名的鉅作《正視權利》（*Taking Rights Seriously*）。在我之前，這本書至少已經有兩位主人，大概都是在法學院就讀的學生。書中畫的線和作的記號，顏色形狀不同，但都是勉強推進了幾章，最後不了了之。我讀時，也可以約略感受到前手食之無味、甚至不知所云、但又棄之可惜的心情。

在這本書裡，有兩個重點：一是關於處理新生事物的作法；一是關於人的基本權利。我引述他的兩三段話，希望能比較完整的呈現他的立場。首先，他認為：

以權利為核心的理論，最根本的觀念，就是個人享有某些權益，不會被任意侵犯。

然後，他強調：

簡單的說，以權利為核心的理論，認定權利不是法律或風俗習慣的產物，而是獨立的指標；而且，能以這些權利為基礎，來評估法律或風俗習慣。

最後，他指出：

任何人如果贊同以權利為核心的理論，至少會支持下列的兩個基本觀念（之一）。第一個觀念雖然模糊但是強韌無比，就是「人的尊嚴」。第二個觀念爲一般人所熟悉，是「政治上的平等」。

也就是，杜爾金認爲，人的尊嚴和政治上的平等，是兩個簡單自明的概念；任何以權利爲核心的理論，都會接受這兩個概念。

杜爾金的用語和表達方式，雖然與哈里士的不同，但是在實質內容上，其實不分軒輊。他們都認爲，無論是基於道德哲學、政治信仰或其他考量，人「應該」享有某些權利。這些權利，超越法律、典章制度或其他的價值；這些權利，是思索法律、典章制度或其他價值的起點。

這種見解的意義爲何，當然要和其他見解對照比較之下，才能分出眞章。

經濟分析——之一

和法律學者的論述相比，經濟學者對權利這個概念，也有許許多多的探討。我認爲，最生動的描述之一，是出自戲局理論大師冰墨二教授（Ken Binmore）的筆下。在《公平嬉戲》（*Playing Fair*）這本書的第四章裡，他講了一段發人深省的故事：

如果無知之冪揭開之後，亞當和夏娃發現，他們兩人正置身在一艘老式桅船中，而且正處於暴風雨裡……在老式桅船上，社會的組織大概完全會是階層式的；因爲，其他的組成方式，不能更有效的處理生離死別的危難。

換句話說，在探討權利的結構時，冰墨二不是由抽象的理念出發，而是以人類實際的歷史經驗爲基礎。在實際的世界裡，男人比女人孔武有力，因此「自然而然」的承擔了較多較重的責任，也因而掌握了較多的資源、享有較特殊的社會地位。

其實，冰默二的故事，還可以再往前推一步。每一個人都可以設想，在盤古開天地時，面臨一個重要的抉擇：男生和女生這兩性，要共同面對各種問題，而主要的是「生存」和「繁衍」這兩項。因爲懷孕、生產、養育都需要一段時間，而且在這段時間裡不容易從事粗重或劇烈的工作（耕種或狩獵）。因此，由專業化和分工的角度來看，有下面幾種可能的安排：

第一：兩人身材一樣高大，輪流懷孕生產養育，或由其中一人完全負責；

第二：一人身材高大，一人嬌小；身材高大的人，同時負責懷孕生產養育；

第三：一人身材高大，一人嬌小；身材嬌小的人，同時負責懷孕生產養育。

在這三種組合裡，最能人定勝天、最有效率的安排，顯然是第三種。身材高大的，負責耕種狩獵；身材嬌小的，負責生兒育女。事實上，這兩種人在一開始時，可能有同樣的身材體型，但是在演化過程裡，人們逐漸體會到，負責生兒育女的，可以有較小的身軀，只需要耗用較少的食物；負責耕種狩獵的，最好有較魁梧的身軀，可以多花氣力、多收穫一些。

因此，爲了生存繁衍，聰明的人們會在演化過程裡，慢慢雕塑出比較好的「競爭組合」（surviving combination）。男女的身材和分工，可以說是很明顯的例證。而且，這種推論，其實可以引申到其他動物身上。因爲懷孕生產養育所需要的時間較長，所以人的兩性之間，在身材和分工上會有差別待遇。相對的，如果懷孕生產養育所需要的時間不是很長，兩性之間的身材和分工，就未必會有明顯的差別。我曾提出這個問題，向一位在台北動物園服務的專家請教；他四平八穩的答道：我的假說，不完全悖離他所了解的動物世界！

男女有別的觀念，還可以藉下面這個故事，作進一步的申論。

「農地農用」問題的諸多迷思

在台灣，每過一段時間，就會熱烈討論一次：要不要把農地開放？反對開放農地的理由，除了國家安全的考慮，主要有兩點：第一，農地對水土保持很重要，而且農地改為其他用途之後，很難再回復原狀。第二，開放農地之後，農地流入財團手裡，財團坐收暴利，貧富差距擴大。

在「女性主義」的論述裡，常會出現「父權社會」這個字眼；因為是父權社會，所以無論在工作、待遇或升遷，女性所受的差別待遇觸目可見。要扭轉這種歷史性的錯誤（或罪惡），女性主義論者顯然還有漫長的一條路要走。

不過，女性主義的論述也提供了一個有趣的參考點：如果沒有歷史，人類直接邁入科技社會，那麼女性的地位會比較低嗎？在科技社會裡，對資訊的處理需要細心、耐性、敏感度高……而不見得需要龐大的身軀和原始的體力。因此，根據這些特質，如果一開始就是科技社會，女性的表現可能會優於男性；各行各業的領導者可能都是女性，男性可能只是居於從屬、受支配的地位。在那種情況下，「男性主義」的論述可能有同樣的委曲和哀怨。

「父權社會」和「母權社會」的差別，很可能就在於歷史經驗；因為在人類歷史上，力量（獸力、人力、機械力等等）是重要的影響因素，所以現在是父權社會而不是母權社會。因此，不同的歷史經驗，會讓社會走上不同的發展軌跡；在不同的時間空間上，會駐足在不同的結晶點上。這也提醒我們，毋須過分的被歷史經驗所束縛，因為還有其他諸多的歷史軌跡可以（值得）思索和嘗試。

「農地農用」的問題，顯然也和歷史經驗有關。如果一開始就是科技社會，我們大概不會有大量的農田；有一部分的農田會成為聯電、華碩等公司的工廠和研究室，其他的農田會成為房舍、道路、花園、購物中心、休閒設施等等。稻米可以進口，就像玉米、麵粉、塑膠鞋、外勞可以進口一樣。堅持要自己種田，就像堅持要自己的子弟當傭僕一樣。根據「農地農用」的邏輯，「農人（當然要）耕田」。可是，這種邏輯的前提不一定成立：堅持那些土地一定要當「農地」，就像堅持施振榮和張忠謀一定要當「農人」一樣。

同樣一公頃的地，作為農田，一年所生產稻米的附加價值大概不超過新台幣二十萬；作為聯電、宏碁電的工廠，產品的附加價值很可能達到數億新台幣。同樣的張忠謀和施振榮，作為農人，耕田一年所創造的附加價值……

「農地」有水土保持的功能，這個論點有一點道理，不多就是了。土地不作為農地而作為工廠、花園、道路等等，一樣有水土保持的功能，只是程度不同而已。「水土保持」是問題，而不（應）是藉口。何況，農田大部分是在平地而不是在山地，在開放農地的問題上，水土保持的問題並不是重要的關鍵。

開放農地之後，農地確實會流入財團的手裡，貧富差距也確實（可能）增加。不過，這兩種自然而然的結果是好事，而不是壞事。

首先，財團願意付高價收購農地，是因為可以作進一步的利用以追求利潤。就是因為財團唯利是圖，所以能更有效（也就是更有利）的利用農地。土地流入財團的手裡，就像經營電信事業的權利由中華電信流入財團手裡一樣；因為競爭，所以效率會提高，最後獲利的還是廣大的消費者。

所得分配的問題也是一樣；財團大股東的財產當然會增加，而且會遠超過一般市井小民（如你我）薪水增加的幅度。但是，每一個人都可以問自己幾個問題：因為張忠謀和施振榮這些人，社會的所得分配變得比較不平均，貧富差距增加。因此，你希望有張忠謀和施振榮，還是希望沒有張忠謀和施振榮？還有，在「均貧」和「不均富」之間，你會怎麼選擇？

由這個問題上，也許可以得到一點啟示：土地不一定要當農地，張忠謀和施振榮最好不要當農夫！

經濟分析——之二

蒲士納在哈佛法學院就讀時的成績優異，畢業後先到加州的史丹佛大學任教；然後，他接觸了一些芝加哥學派的經濟學者，感受到經濟思維的趣味。

一九六九年，他轉往芝加哥法學院，直接和芝加哥學派的經濟大師們從遊論對。然後，這位優秀的法律學者，先變成優秀的經濟學者，再進一步成了推展「法律經濟學」的大將；現在他幾乎是執這個新興領域牛耳的掌門人。蒲士納接受經濟學的洗禮之後，最早發表的論著之一，是一九八〇年的〈論原始社會〉（A Theory of Primitive Society）。一位受傳統法學訓練的法學院教授，利用經濟分析來探討原始社會的法學問題，這眞是一種奇怪的組合。不過，這篇文章問世之後，一再被引用；在法律經濟學的發展上，也有很重要的地位。

這篇文章所以重要，我認爲有兩點原因。就經濟分析而言，自一九六〇年起，經濟學者向政治、社會等領域擴充，成果豐碩；利用經濟分析來探討法學問題，是自然的延伸。如果由經濟學的角度，也能解釋原始社會的現象，正好證明經濟分析一以貫之的特性。

就蒲士納本身而言，經濟分析的核心理念之一，是「成本極低、效益極大」的行爲特質；這個理念，如果應用到法學領域裡，幾乎自然而然的成了「財富極大」（wealth maximization）的論點——法律的運作，往往不自覺的符合效率的考量，而使社會資源日益積累。這種觀點，剛好可以針對沒有工商業活動、沒有市場經濟、沒有貨幣信用卡的原始社會，作具體的檢驗。

蒲氏的論文，生動、平實、自然的呈現了原始社會的樣貌；而且，由經濟分析的觀點，提出合情合理的解釋。在原始社會裡，由資訊結構（information structure）的角度來看，有兩點特色：一方面，資訊有限、匱乏，沒有現代的文字紀錄，也沒有電報電話電腦等等，因此人們所能擁有的資訊非常貧瘠。另一方面，原始部落裡，大家相隔咫尺，鄰居之間幾乎沒有太多的隱私。而且，因爲生活在一起，所以幾乎擁有相同的資訊。

在這種背景之下，原始社會裡的律法（權利結構），自然而然具有一些特性——就像男女分工的情形一樣。首先，因爲沒有獨立的司法單位，所以居民們本身兼任司法仲裁的重責大任，球員兼裁判，是花費最少的運作方式。其次，對於意外、傷害等等侵權（torts），一律採取完全責任（strict liability），也就是不分青紅皀白，由肇事者負全部責任。從資源運用的角度來看，操作這種遊戲規則，只需要搜集最少的資訊，而且最容易執行。劉邦入關中時，約法三章：「殺人者死、傷人及盜抵罪！」在精神上，可以說完全呼應蒲士納的發現，因爲戰亂過後，資源匱乏，人心未定，遊戲規則最好明快迅速。

最後，在原始部落裡，每個人都要承擔連帶責任；親戚的福禍，就是自己的福禍。這種權利結構，有兩種好處：連帶責任，表示血統親戚彼此相連，對每一個個人來說，都增強了互相保險的功能。因爲，對圈外人有遏阻的作用，就減少了自己被欺負傷害的機會。同時，連帶責任使血緣親戚之間彼此規範約束，可以降低和圈外人發生衝突的機會。因此，在除弊和興利這兩方面，連帶責任都有可取之處。

此外，原始社會裡，還有一種令人意外的古樸之美。因爲簡陋的屋舍相隔不遠，所以雞犬人畜之聲相聞，因此彼此言談之間的遣詞用字都很典雅婉轉，不會道人短長、搬弄是非。原因很簡單，如果在自己家裡出言不遜，被傷及的鄰居，馬上會循聲而至、劍及履及。

因此，在茅草屋的世界裡，顯然沒有言論自由的權利！

對比

在呈現了哈里士和杜爾金的觀點，以及冰墨二和蒲士納的觀點之後，可以比較他們之間的差別。他們之間的差別，有兩個層次；一種是對權利見解的差別，另一種則是規範式論述和實證式論述的差別。

關於權利的論述，哈里士和杜爾金（法學）以及冰墨二和蒲士納（經濟分析）所描述的故事，有幾點很明顯的差異。首先，在經濟學者的故事裡，探討權利的材料，是眞實的世界；無論是蒲士納的原始社會或冰墨二的風中之船，都是具體的、曾發生或會發生的事實。可是，在法律學者的故事裡，探討權利的材料，是一些抽象的理念。

其次，「眞實」和「理念」的重要差異之一，是支持「權利」的基礎不同。以眞實的材料爲基礎，權利是由環境裡的條件所支撐、所雕塑。以理念爲基礎，權利的來源，是訴諸論者或讀者的信念，如果論者或讀者支持，就有某些權利，否則就沒有。

最後，很重要的一點差別。在經濟學者的故事裡，只是「描述」權利的狀態，並沒作任何價值判斷。在風中之船和原始社會裡，權利的種類和性質，是受到當時環境裡條件的影響。相形之下，法律學者的故事裡，對權利都直接間接的作出價值判斷。無論是「人的尊嚴」或「選擇的自主」，都隱含某種價值上的臧否。

當然，經濟學者和法律學者的這些差異，不只出現在對「權利」的論述上；更根本的，是他們的論述一向具有不同的性質，也就是「應然」和「實然」，或「實證」和「規範」的差別。

規範式的論述，先提出一些簡而自明、眾議僉同的原則、理念或價值，然後再以這些原則、理念或價値爲基礎，作進一步的推論。因此，這些原則、理念或價值，可以看成是預設的立場，以這種特定的立場爲前提，再作申論。相形之下，實證式的論述，沒有預設的立場或立論的前提，而是以實際情況、已經發生的事、出現的現象爲材料，由這些材料裡歸納出某些「規律」。如果這些規律普遍成立，就可以用來解釋類似或其他的社會現象。

因此，規範和實證式論述最大的差別，就是理論的性質不同。「理論」（theory），簡單的說，就是對因果關係（causal relationship）的探討；而因果關係最簡潔的呈現方式，就是「若A則B」。因此，1+1=2是一個小理論，因爲這個等式符合「若一加一，則等於二」的結構。

在規範式的論述裡，「若A則B」的內涵，可以說都是一些抽象的概念；譬如，「若」贊成人的尊嚴很重要，「則」理當支持某種財產權的結構。可是，無論是前提或結論，都是訴諸論本或讀者本身的理念，而不是訴諸眞實世界裡的實際現象。無論是哈里士或杜爾金的論述方式，在性質上都是如此。

相對的，在實證式的論述裡，「若A則B」的內涵，都是由實際發生的材料來充填。譬如，在冰墨二的故事裡，「若」亞當和夏娃置身在暴風雨裡飄搖的扁舟上，「則」兩人之間的相對關係會以體力來決定。同樣的，在蒲士納的原始社會裡，「若」資源匱乏、資訊不足，「則」以明快有效（成本最小）的方式處理糾紛。無論是前提或推論，都是以實際材料爲主；論者的工作，只是由材料中歸納出已經存在、隱藏在材料之下的因果關係而已。

「若A則B」，是一種條件式的論述（conditional statement）。規範式論述最大的弱點，是不能根據立論、作平實有效的引申。也就是，當「前提」改變時，不論朝哪一個方向變動，在規範式的論述裡，並不能描述或預測「結果」將如何變化。譬如，「若」人的尊嚴變得比較不重要，「則」人們應該先放棄言論自由或婚姻自由？相對的，實證式的論述是以實際現象爲材料，所以很容易推測變化的方向。譬如，「若」亞當和夏娃發現他們置身在電腦前，「則」兩人之間的相對地位會以體力之外的因素來決定；「若」原始社會的建材由茅草變爲泥土，「則」言語詞彙將會開始變化——人前一套、人後一套。

新興的法學經濟學，所以能長驅直入法學，主要就是經濟分析有一套強而有力、以因果關係爲中心的理論。下面的故事，就是探討在實際社會裡，夫妻之間的相對權利。

約法哪三章？

在現代社會裡，離婚的情形愈來愈多，兩人一旦決定分手，子女歸屬的問題固然麻煩，財產的劃分也不簡單。就財產的部分而言，在法律上到底怎麼處理比較妥當，是理論和實務上都很有挑戰性的問題。

在傳統的（男系）社會裡，男主外女主內是常態，因為先生在外拋頭露面，所以房產土地等契約，大半都是登記在先生的名下。一旦離婚，女方討價還價的能力很薄弱，因此往往承受很大的委曲。

不只是在傳統社會如此，即使現代工商業社會裡，情況也相去不遠。在大學畢業後，年輕的夫婦不容易同時繼續深造，因此，大半是先生繼續讀研究所，而太太開始工作支持先生。等先生讀完研究所，成為律師醫生工程師，太太就辭職回家生兒育女。經過一段時間，先生不但有相當的社會地位，也擁有相當的財產。不過，當年共患難的牽手，可能已比不上年輕貌美的競爭者；然而，如果在這時候離婚，先生可以證明：家裡大大小小的東西，都是他所賺得的。

可是，這只是表象。為了先生的工作事業，太太犧牲自己的青春和機會，而且在家養兒育女和操持家務，也是實質的貢獻。事實上，經濟學家曾經估算過，婦女在家裡所做各種事情的價值，平均大約是丈夫收入的百分之七十。因此，婦女對一個家庭總值的貢獻，大概是百分之四十左右（0.7／〔0.7+1.0〕）。

既然如此，離婚時雙方各得財產的二分之一（百分之五十），其實是合情合理的作法。二分之一，是有理論和實證支持的基準點。

不過，工商業社會裡也出現了一些有趣的現象：超級巨富的誕生。這些超級巨富，通常是因為夫妻之一非常特別；憑藉著個人的魅力或特殊才華，累積了過去的人所無法想像的財富。而且，對於這些奇才異能之士而言，不論和誰結婚，大概結果都差不多——想想麥可傑克森和微軟的例子。在這些情形裡，要認定另一方的貢獻一定接近二分之一，似乎有些勉強。

因此，1/2 — 1/2 可能不再是好的基準點。這時候，可以有兩種替代方案：一方面，可以估量夫妻雙方中「另一方」實際付出的價值；另一方面，如果夫妻雙方在結婚時有特殊約定，也可以特殊的約定為準。（諾貝爾獎得主羅勃盧卡斯離婚時，才華已露，因此婚約裡有一條：若將來盧氏在離婚若干年內得到諾貝爾獎，則太太可得一半獎金。後來，盧氏果然在離婚後獲獎，夫妻兩人皆大歡喜。）

不過，在另外一些「超級巨富」的事例裡，情形又要複雜些。如果夫妻兩人之一，在開始協議離婚時買了張彩券，在完成手續後彩券開獎，中了巨額獎金（譬如五千萬美元），這時候，大筆的財產和個人魅力才華都無關，雙方的「貢獻」其實也都微不足道。中大獎，可以說純粹是運氣，怎麼辦？

如果婚前兩人設想過這種景況，大概都會同意：不論誰買彩券，中獎的獎金兩人平分！因此，在「超級巨富」的情形下，還是有可能回到 1/2 — 1/2 的基準點。然而，1/2 — 1/2 也不一定是通則。如果是太太買彩券，她可能會聲稱（並且取得佐證資料）：過去從來沒有（或很少）買彩券，就是因為要慶祝離婚，所以才買一張彩券。在這種情形下，先生大概很難反駁說：自己對離婚有貢獻，而離婚是買彩券的「因」，所以自己對飛來的橫財有貢獻，也應得二分之一的獎額。

由這種轉折裡，或許可以歸納出一點法學上的智慧：客觀的公平正義並不存在，而特定時空下的公平正義，是由環境裡的相關條件所烘托而出的。

清官難斷家務事，所以更需要找到好的基準點，作爲參考座標。

聯結

由前面的對比分析裡，傳統法學關於權利的論述，似乎漏洞百出，甚至一無可取。那麼，爲什麼類似的論著，會在傳統法學輝煌高貴的傳統裡延續不斷呢？而且，即使在今天，哈里士和杜爾金等人的觀點，還是東西方法學界的主流。傳統法學裡規範式的論點，是不是也有一些隱而未現的優點，沒有得到經濟學者的青睞呢？

仔細想想，哈里士和杜爾金式的論述，其實有一些優點。而且，這些優點，也符合冰墨二和蒲士納式的經濟分析。也就是，由比較抽象的角度來看，規範式的論點，也隱含某種成本效益的內涵。

首先，規範式的論述，通常是開宗明義，列舉一些抽象的價值，作爲推論的基礎；譬如，人的尊嚴、選擇的自由等等。在任何一個稍稍上軌道的社會裡，對絕大多數的人來說，都會接受和支持這些價值。更何況，這些價值的背後，往往有歷史上赫赫有名的哲學家爲後盾。再加上，歷代法律學者自成體系，彼此援引。因此，在法學論述裡，以抽象的價值爲討論的基準點，很容易得到讀者或其他學者的認同。

其次，在一個穩定的社會裡，價值體系比較紮實沉穩；以某些核心價值作爲論述的前提，不會有太多爭議，而且容易得到共鳴。但是，另一方面，核心價值，通常只是一些抽象的概念，而不是具體的實物（人的尊嚴和選擇的自主，都很抽象；牛奶和麵包，都很具體）。既然是抽象的理念，在論述時就有相當的彈性，有很大的空間可以發揮。因此，規範式的論述，既有不容爭辯的基礎，又有自由揮灑的空間，作爲論述的形式，顯然有相當的吸引力。

再其次，當社會秩序穩定時，核心價值像是明可鑑人的結晶體；一旦碰上棘手的法學或社會問題時，很容易以核心價值作爲思考上的著力點。譬如，同性戀的配偶，有沒有領養子女的權利？在思索這個問題時，一般人幾乎會自然而然的想到：同性戀的父母，是否也有基本權利？等著被領養的子女，是不是也有某些基本權利？這是傳統法學裡，典型的、規範式的思維方式；相形之下，對於同樣的問題，實然式的思維問的比較世俗：如果容許他們領養子女，會造成哪些後果？這些後果，好或是不好？兩相對照，在某些問題上，規範式的論述似乎更直截了當、更有說服力。

最後，規範式的論述，隱含了「應然」的觀念；也就是，事物的狀態「應該」（should）如何。譬如，人應該享有尊嚴，人應該有選擇的自主性。這些應該，就具有「標竿」（yardsticks）的性質。即使在實然上，現況不符合標竿，但是這些標竿提供了謀求改善、努力向前的方向。如果一直停留在實然面的分析上，將永遠只是描述和解釋現狀而已。因此，規範式的論述，可以說是揭櫫了某些人同此心、心同此理的價值；這些價值，剛好可以成爲人們自我改善和改進現況的標竿。

因此，規範和實證的論述，各有功能。藉著實證式的論述，可以了解事物的來龍去脈、隱含的因果關係，以及變化調整的可能性。藉著規範式的論述，可以掌握一些抽象的理念，以及所隱含的價值體系。規範式的論述可以指引興革的方向，而實證式的論述可以檢驗可行的步驟。

至於先後次序，當然是先實證再規範；先了解是什麼、爲什麼，才能討論應如何。

結語

在這一章裡，我試著陳述兩個重點：一方面，我描述對於「權利」這個概念，傳統法學和經濟學者見解上的差別；另一方面，我試著呈現出規範式和實證式論述的區分。

在這一章的開頭，我列出了四個口號。這四個口號都廣爲人知，甚至是擲地有聲、令人豪氣干雲、拋頭顱灑熱血；可是，很少人認眞探討過：這些口號，到底是規範式的呼籲、主張或期許，還是實證式的描繪、刻畫或陳述？

相關文獻：

1. Binmore, Ken. *Playing Fair: Game Theory and the Social Contract I*, Cambridge: The MIT Press, 1994.
2. Dworkin, Ronald M. *Taking Rights Seriously*, London: Duckworth, 1977.

3. Harris, J. W. *Property and Justice*, Oxford: Clarendon Press, 1996.

4. Malloy, Robin P. "Is Law and Economics Moral?---Humanistic Economics and a Classical Liberal Critique of Posner's Economic Analysis," in Robin P. Malloy and Jerry Evensky eds., *Adam Smith and the Philosophy of Law and Economics, Netherlands*: Kluwer Academic Publishers, 1994.

5. Posner, Richard A. *The Economics of Justice*, Cambridge, MA: Harvard University Press, 1981.

6. ---------. "Law and Economics is Moral," in Robin P. Malloy and Jerry Evensky eds., *Adam Smith and the Philosophy of Law and Economics*, Netherlands: Kluwer Academic Publishers, 1994.

【第五章】

個體行爲和總體現象

——再探經濟學的行為理論

前言

在經濟學裡，最概括、也最簡明的劃分，就是「個體經濟學」和「總體經濟學」。可是，在經濟學前面加上了「個體」和「總體」，在意義上到底有什麼差別？在這一章裡，我將試著闡釋總體和個體的差別，並且歸納出個體經濟學和總體經濟學裡的主要智慧。本文的前半部分是個體經濟學，後半部分則是總體經濟學。在前言裡，我將先嘗試爲以下的鋪陳作個引子。

首先，是關於個體經濟學。即使經濟學號稱是社會科學之后，而且被認爲是具有帝國主義般的霸氣，可是這些可能只是虛名而已。由亞當斯密的《國富論》開始，經過兩百多年來許多出類拔萃的經濟學者的努力，經濟學所能掌握的其實還是相當有限。根據諾貝爾獎得主寇斯的看法，目前經濟學者唯一能堅信不移的，只有「需求定律」（The Law of Demand）而已。而且，即使需求定律簡潔明瞭——價格和數量呈反方向變動——然而，連這一點都經常受到質疑。在股市裡，不是常有價量齊揚的現象嗎？

有些具有炫耀性的奢侈品愈貴，買的人愈多。這不都是價格和數量呈同方向變動嗎？

在這一章的前半部裡，我將為需求定律提出辯護。一方面，我將說明：表面上看起來，某些現象好像是價格數量往同方向變動；不過，經過適當的闡釋，這些現象其實本質上還是符合需求定律。另一方面，我將利用一個關於同性戀的實例，闡明在諸多社會現象背後，其實都是因為需求定律所發揮的作用。因此，由這兩方面的論述，我希望為需求定律無遠弗屆的威力（或魅力）作一註腳。

其次，關於總體經濟學，先要為個體和總體這兩個名詞澄清一下。其實，個體（micro）和總體（macro）都是由英文翻譯而來，也有人翻譯成「微觀」和「宏觀」，或「微視」和「巨視」。不論採取哪一種譯名，讓我們先用一些例子來反映「個體」和「總體」的差別：

- 考試時有一個人偷翻筆記，這是個體行為；考試時有很多人彼此傳紙條、互相參詳，這是總體現象。
- 看職棒時一個內野觀眾站起來大喊「裁判加油」，這是個體行為；在有人帶頭下，球場裡的觀眾形成波浪起伏，這是總體現象。
- 年輕的夫妻決定只生一個孩子，這是個體行為；一胎化政策造成一群桀傲不馴、唯我獨尊的「小霸王」，這是總體現象。
- 家裡的小朋友感冒生病，這是個體現象；幼稚園裡小朋友彼此傳染、輪流（循環）生病，這是總體現象。

・一家人決定利用連續假期外出渡假，這是個體行爲；連續假日前一天和最後一天在高速公路上大塞車，這是總體現象。

由這些不同的事例中，可以歸納出「個體」和「總體」的重要差別：「個體」通常是指單一的行爲者（一個人、一個家庭、一個公司等等）所表現出的行爲；相形之下，「總體」則是指一個以上行爲者，彼此行爲互動之後，所呈現出的現象。因此，研究個體現象的，就稱爲個體經濟學；研究總體現象的，就稱爲總體經濟學。當經濟學往外擴充、進入法律、政治、社會學領域時，大部分是研究個體現象的個體經濟學者（micro-economists）。主要的原因，是個體部分的問題比較具體，比較容易掌握。

但是，這並不表示總體經濟學裡的智慧，對其他領域不重要。事實上，經濟學者引以爲傲的「行爲理論」，和總體現象密不可分。在這一章的後半部裡，我希望先介紹總體經學的主要問題、探討的幾種方法，再闡釋這些分析方法和法學的關聯。

三個案例

在這一節裡，我將利用三個事例，從不同的角度論證，需求定律確實放諸四海而皆準。

價量齊揚

當股市熱絡時，經常會看到這種現象：某些股票價格愈高，成交量愈大；價格愈低，買的人愈少。這似乎表示，價格和數量往同方向變動，因此也就違反了需求法則。

可是，這種價量齊揚的現象，可以從另外一個角度來解釋：股票市場裡有千百種股票，對投資人而言，要找到會賺錢的股票並不容易；因此，當某種股票的價格持續上升時，正表示買這種股票比較可能賺錢。所以，就「獲利的機會」而言，這種股票所隱含「獲利機會」的價格下降了。價格下降，買的人多，交易量變大，正是不折不扣的需求定律。

因此，只要把「價格」作適當的解讀，價量齊揚的現象還是符合需求定律。

奢侈品

對於某些具有炫耀性的奢侈品而言，可能會有價格愈貴，買的人反而增加的現象。當然，這種現象在性質上和流行商品的一時風潮不同。

不過，對購買者而言，買炫耀性奢侈品的重要功能之一，是能區分出自己和其他（一般）的消費者。除了顯示品味，買這種奢侈品還能透露出較高的所得或經濟能力。因此，當某種商品的價格愈來愈高時，一般人愈來愈不願意買或愈來愈買不起。對具有購買力的人而言，正好能把自己和其他人區隔開來。也就是，當這種奢侈品的價格上升時，有能力購買的人減少，對於有能力購買的人而言，剛好趁勢展現——當「突顯自己」變得容易（價格降低）時，需求增加，交易量上升，正是如假包換的需求定律。

因此，和上一個事例的情形相同，只要把「價格」作適當的解釋，奢侈品的現象還是符合需求定律。

同性戀

實證研究發現，和一般社會的情形相比，在軍中和監獄裡，同性戀的比例較高。在軍中或監獄裡，往往只有同性。因爲只能和同性相處，要維持原來的偏好（歧視）愈來愈困難（價格上升）。當然，當歧視的價格上升時，就少買點歧視。既然不能和異性交往，有些人就會退而求其次的和同性交往。

因此，表面上看起來和經濟學或經濟行爲無關的現象，其實可以由需求法則的角度，作出一針見血的解釋。

需求定律一以貫之

由前面的三個事例裡，可以試著推論出一些有趣而重要的體會。首先，「價量齊揚」和「奢侈品」的現象，表面上是價格和數量同方向變動；但是，解釋上經過適當的轉折，仍然是符合價量反向變動的需求法則。而「同性戀」的事例，則精緻而傳神的反映出，需求法則的作用幾乎無所不在。而且，在前兩個事例裡，貨幣或名目價格並不是焦點所在；經濟學者所關切的，是名目價格所隱含（或所透露出）的訊息，以及這種訊息對行爲的影響。在第三個事例裡，並沒有貨幣價格；但是，抽象的價格（和異性交往的困難與否），卻依然會影響行爲。因此，經濟學（者）所關切的價格，在本質上其實是一種有相對高低的價值。

其次，延續上一點，需求法則所反映的，是人（和其他生物）會基於理性和自利，有意識無意識的選擇自己的行爲，以求增進自身的福祉。需求定律所隱含的，就是人（和其他生物）趨利避禍、自求多福的行爲，而這些行爲會呈現出價量反向的規律性。換言之，人（和其他生物）的行爲會受到誘因的影響，當環境裡的誘因改變時，行爲也會跟著改變。因此，只要某種行爲發生變化（買股票、買奢侈品、有關性的活動等等），就可以嘗試探究造成這種變化的原因。由此可見，需求法則確實威力無窮；經濟學（者）的貢獻，就是以簡馭繁，把千奇百怪社會現象背後的共同脈動，利用需求定律一以貫之的表達出來。

再其次，既然人（和其他生物）會受到誘因的影響，因此需求法則透露了一點重要的啓示：在設計組織和制度時，不能忽視價量反向變動的鐵律。例如：在機關裡，當說眞話的成本（價格）上升時，說眞話的人會愈少；在家庭裡，父母讓子女親近自己愈困難（價格愈高）時，子女愈不會親近父母。

最後，和上一點觀念相通，但作法剛好相反：在設計遊戲規則時，值得有意的提高某些行爲的價格（成本），以發揮遊戲規則的效果。譬如，對個人而言，會選擇由鬆到緊的許多規則或信念——不吃巧克力冰淇淋、不和配偶吵架、不向神撒謊等等。而且，為了使這些規則或信念發揮作用，還會搭配上相關的獎懲機制。對於愈重要的規則，當然愈希望遵守而不違背，因此就會有意無意的標出較高的價格，以降低需求量。譬如，受不住誘惑而吃巧克力冰淇淋，代價（價格）是懊惱一天；和配偶吵架，代價是悔恨一星期。價量的反向關係，依然存在。同樣的，對社會而言，憲法和法律修改難易上的差別，顯然也是基於類似的考慮：修改憲法的困難度，使修改憲法次數（需求量）減少，憲法的穩定性增加，以發揮更大的功能。當然，無論是個人或社會的遊戲規則，設定維持規則的適當價格，可以說是最困難的部分。

下面的故事，是對需求法則進一步的運用。

哥哥爸爸真偉大

在社會科學裡，經濟學是唯一享有「科學」這種稱號的學科。而且，這不只是經濟學者們之間自我標榜而已——在自然科學之外，經濟學是唯一設有諾貝爾獎的學科。可是，即使經濟學號稱是社會科學之后，根據諾貝爾獎得主寇斯的看法，目前經濟學者唯一能堅信不移的，只有「需求定律」而已。而且，即使需求定律簡潔明瞭（價格和數量呈反方向變動），可是連這一點都經常受到質疑。兩位歐洲學者最近發表的一篇論文，就提出非常有趣的反證。

在以色列，托兒所育幼的時間是上午七點半到下午四點，雖然大部分的父母都準時在四點之前接走子女，可是也總有少數父母會遲到。兩位學者福至心靈，針對十家托兒所進行實驗：凡是遲到十分鐘以上的父母，要繳罰金以幣拾元（相當於台幣八十五元）；在以色列，闖紅燈罰台幣八千五百元，遛狗不揀狗屎罰兩千四百元。

根據需求法則，價格上升，需求量會下降。因此，有了罰金之後，遲到的父母應該減少才是。可是，事實恰恰相反；更精確一些的說法是，遲到的父母幾乎變成原來的兩倍——價格上升，需求反而增加！

對於這種「異常」現象，兩位學者提出好幾種可能的解釋。其中比較有說服力的，是從「規範」的角度提出分析：當遲到不罰錢時，老師們照顧孩子是額外負擔，所以父母會於情於理，盡可能避免；可是，一旦有罰金，等於是把「逾時照顧」變成一種商品。既然是有價商品，當然可以視個人情況，按價購買。因此，遲到的父母增加，其實是價格機能發揮作用。

而且，由需求法則的角度著眼，價量反向變動的關係依然成立！當沒有罰金時，老師們對於逾時未領的孩童，事實上沒有法律責任；因此，孩童們的安危，遲到的父母必須自負其責。有了罰金之後，老師們等於是對逾時托嬰收費，因此孩童們的安危責任，已經轉到老師們的身上。

也就是，在沒有罰金時，遲到的父母（對子女安危）要負責任的代價高；有罰金時，遲到的父母要負責的代價低。當代價高時，就少買一些（遲到）；當代價低時，就多買一些（遲到），追根究柢，還是價量反向變動！

由這些論述裡，似乎反映需求定律真是無所不在，而經濟學者也似乎真有自許的條件。這是不是意味著，當自許（自負？）的價格低時，就會多買些？

小結一下，蒲士納法官曾說：「經濟學的精髓在於慧見，而不是技巧。」（The heart of economics is insight rather than technique.）需求法則，確實是經濟學的精髓，也的確是慧見而不是技巧！

總體現象的分析方法

在個體經濟學的部分，經濟學者的觀點已經有相當的交集；可是，在總體經濟學裡，幾乎是另外一種景象。

就狹義的總體經濟學而言，所關心的焦點，最主要可以說有兩個：就業和成長。就業（employment）主要是關於人力資源的運用：在社會上想工作的人裡，有多少人可以眞正的找到工作；又有多少人會非自願的失業？爲什麼經濟體系裡會出現週期性的起伏？景氣時是一片繁榮的好景象，而不景氣時又是一片愁雲慘霧？換言之，就業問題與一個經濟體系在短期內的景氣循環（business cycle）有密切的關連。

相形之下，成長（growth）主要是關於一個社會長期的發展：如何把人力資源和物質資源結合在一起，以維持經濟的成長？技術進步和經濟成長的互動關係是什麼？爲什麼有些社會可以在經濟上持續的成長，而有些社會卻舉步維艱、停滯不前，甚至衰敗傾頹？

把「就業」和「成長」看成是總體經濟學的核心問題，主要是基於下面的考慮：亞當斯密在一七七六年發表的《國富論》，公認是經濟學的開山之作；而凱恩斯（John M. Keynes）在一九三六年出版的《就業、利息和貨幣的一般理論》（*The General Theory of Employment, Interest, and Money*）則爲總體經濟學奠下紮實的基礎。到目前爲止，這兩本書不僅是經濟學裡最出名的兩本書，很可能也是最重要的兩本書。《國富論》探討的是國家邁向富強的坦途，本質上這就是「成長」的問題。《一般理論》主要是探討造成一九三〇年代經濟大恐慌（大蕭條）的原因，以及如何掙脫失業率高達四分之一的夢魘；這當然也就是「就業」的問題。因此，「就業」和「成長」，剛好呼應了經濟學兩本最重要的經典鉅著所關心的課題。

無論是由狹義或廣義的角度解釋總體經濟學，在分析方法上，有三種重要的探討方式。

魯濱遜分析法

雖然社會上有許許多多、形形色色的人，他們從事各式各樣的（經濟）活動；可是，對於分析某些問題而言，可以把注意力的焦點集中在一個「代表性的個人」（a representative agent）身上。針對這個代表性個人的行爲加以分析，以掌握我們所關心問題的精髓。

以代表性個人分析問題的方式，可以簡稱爲「魯濱遜」分析法（the Robinsonian Approach）。這種分析方式有兩點涵義：第一，代表性個人含有「平均值」（the average）的意味。就像人有高矮胖瘦的分別，在經濟活動上人也有強弱優劣的差異；因此，對某些問題而言，以「平均」的方式可以過濾掉彼此行爲上的歧異，而專注於問題的關鍵所在。

第二，在處理和探討某些問題時，個體和個體之間彼此互動的因素可能不是重點。這時候，藉著一個代表性的個人可能最能突顯出問題的關鍵。譬如，得到一九九六年諾貝爾經濟獎的盧卡斯（Robert Lucas），就曾經在許多篇處理貨幣功能和經濟成長的論文裡，採取代表性個人的（魯濱遜）分析法來處理一些較抽象的問題。

主要球員分析法

在分析任何一個社會現象時，値得逆推回去，由形成這個現象的主要因素著手。譬如，在報導美國總統大選時，大家關心的焦點主要是民主黨和共和黨這兩大政黨的候選人，以及偶爾出現以獨立派身分參選的無黨籍人士；過去在分析國際情勢時，往往以美日歐等工業化國家、社會主義國家，以及第三世界國家爲三個主要的陣營。同樣的，在探討產業結構時，通常不會注意個別的廠商，而把所有的廠商歸納爲製造業、農業、商業、服務業等幾個大類。因此，由以上的幾個例子可以清楚反映出，分析某些問題時，焦點可能集中在少數幾個「主要成員」或「主要組成分子」；這些主要成員的行爲，會影響、乃至於決定最後的結果。因此，要釐清問題的關鍵，就值得以這少數主要成員的行爲爲主。對於這種分析方式，可以稱爲「主要球員」分析法（the major players' approach）。

「個體過渡到總體」分析法

要掌握「個體過渡到總體」分析法（the micro-to-macro approach）的精神，最好是透過對下面所描述景象的體會：

如果你和兩個好朋友一起去吃西餐，講好花費由三個人平均分擔，那麼當你點自己的餐飲時，你不太會慷他人之慨的多多益善。因爲，雖然你點的東西有三分之二的花費是由另外兩位朋友負擔，可是你也要負擔他們兩人花費的三分之一。如果你多點的話，朋友就要多負擔；朋友即使不講，心裡也許會有點嘀咕；反之，亦然。因此，將心比心的結果，是每個人點的大概會和自己一個人單獨進餐時所點的差不多。三個和尚也許會有一丁點兒浪費，但絕不會多。

可是，如果你現在是參加公司聚餐，總共有三十個人，花費也是由大家平均分擔；情況很可能就大不相同了。你少點一些，別人只少付三十分之一；你多點一些，別人也不過多負擔三十分之一。而且，你克己復禮、別人卻不一定見賢思齊，因此你又何必當傻瓜，何不趁這個機會大快朵頤一番，即使浪費一點也無妨。人同此心，心同此理的結果，是每個人最後所點的會遠超過三個人吃飯或自己一個人進餐時所點的；而每個人最後所分擔的，也就遠遠高過自己一個人單獨進餐時的花費。

由以上的描述裡，可以反映出「個體過渡到總體」分析方式的特色；這種分析方式有幾點值得強調：首先，總體現象反映的是個體行爲匯總之後的結果；因此，要探索總體現象所隱含的因果關係，不能忽略總體現象的個體基礎（micro-foundation）。其次，對有些問題而言，總體現象不一定是個體行爲單純的加總；在由個體行爲過渡到總體現象的過程裡，會有擴充（一加一大於二）或壓縮（一加一小於二）的可能。因此，在代表性個人和主要成員之間的過渡過程，不但不能（不應）忽視，而且事實上往往是問題的關鍵所在。再其次，雖然在個體（家庭、廠商）行爲和總體現象（就業、成長）之間，有相當的鴻溝；可是，愈來愈多的經濟學家相信：只有奠基於穩固的個體基礎，才可能對總體現象提出較深入而正確的解釋。

因此，有個體基礎的總體經濟學（macroeconomics with micro-foundation），不但逐漸成爲總體經濟學裡的「顯學」，而且更是解決失業、通貨膨脹、經濟停滯等總體經濟問題的希望所繫！

分析總體現象方法上的取捨

雖然前面介紹了三種分析方法，但是抽象來看，其實是「一種」。魯濱遜分析方法，表示環境裡有許多重要因素，普遍的影響了每一個人；因此，任何代表性的個人，都具有這些特性。換個描述的方式，就是環境裡某些主要的因素（主要球員），雕塑了最後的結果。再換個方式來描述，就是由環境裡一些個別的因素，經過匯總之後，呈現出一個整體的現象。

由此可見，表面上看，是三種分析方法；但是，在本質上，其實彼此相通，可以一以貫之。另外，當分析總體問題時，在魯濱遜分析法、主要球員分析法、和個體過渡到總體分析法中，到底採取哪一種較好呢？

一方面，研究社會科學的目的，是希望能提出對於社會現實所隱含「因果關係」更好的解釋；因此，判斷學術研究好壞和貢獻大小的尺度，最後還是在於這項研究是否增進了我們對這個問題的了解。也就是說，分析方法之間沒有必然的高下是非之分，對於不同的研究主題，最好採取不同的探討角度——對一個攝影師而言，不論是正面打光或背面打光，只要能照出好照片，就是好的打光法！

另一方面，既然針對不同的課題，可以（值得）採取不同的分析方法。因此，分析方法之間沒有絕對的高下好壞之分；同樣的觀點也適用在「研究主題」上。在不同的時空環境下，「就業」問題和「成長」問題的重要性不一定相同；對不同的社會而言，當然更是如此。

下面的故事，是主要球員分析法的具體應用。

永遠的「衛爾康事件」

幾十年之後，也許在一年當中的某一天裡，晚間電視新聞的最後一小段「歷史上的今天」，畫面上出現的是一個火災過後的景象，旁白的字幕則是簡單的幾個字：台中市衛爾康西餐廳發生大火，奪去六十四條人命。

對於死難者的家屬親友而言，不論時間多麼久遠，可能心情上永遠有思之悽楚的感懷。不過，對於社會上其他的人而言，隨著時間的消逝，也許比較容易略去情懷上的起伏而思索這個不幸事件的意義。

在大火之前，早就有各種相關的法令：營業場所和住宅區的劃分、餐飲業的安全消防設施等等，政府各主管機關也有層層檢查和處分的程序。不過，法令規定是一回事，人實際上的作法是另一回事。

對業者而言，在要裝潢上符合各種規定所費不貲，而且增加營業成本，不妨走在法律邊緣的灰色區域，然後利用一（小）部分省下來的錢去疏通環節。萬一真的違規受罰，總可以找到民意代表出面。對民意代表而言，為了照顧選民以維護選票，當然會義不容辭的出面說項。對行政官僚而言，預算操在民意代表手裡，在小地方「情理兼顧」自然是利人利己。因此，在這個由業者、民意代表、行政部門官僚所組成的「生態體系」裡，沒有人願意（也沒有人能夠）規規矩矩的「照規定來」。這種現象，再加上一般消費者在承平日子裡不容易有警覺之心，就剛好因循漸漬而形成一種「危險的均衡」——實際的執法水準可能只及法令規章的百分之六十！

一場大火等於是對這個生態造成一次衝擊，震撼而且動搖了維持這個生態的各個支柱：對業者而言，為了能吸引消費者上門，最好主動做一些改善。對於民意代表而言，在業者再要求關說時，也可以婉轉的告訴業者：人命關天，現在不好關說。對於負責執法的行政部門而言，事情也比較容易處理。一方面在執法時可以要求得嚴格一些，一方面也比較容易挺起腰桿、婉拒民意代表的關說。因此，「大火」這個因素促成生態的轉變，在業者、民意代表、行政官員各自轉圜之後，執法的水準可能嚴格了一些——由原來的百分之六十變成百分之七十或百分之七十五。

不過，執法程度的提升不一定能持久。當大火的記憶漸漸模糊褪色之後，故態復萌的種子很可能又開始悄悄萌芽、蔓延，違規受罰的業者可能又找上民意代表，而面對選舉的民意代表可能又會「試試看」，行政官員也可能又為預算不得不折腰。結果，執法水準慢慢下降，可能回到百分之六十五，比大火之前好一點點，當然也可能又落回百分之六十，或更低。

「衛爾康事件」，顯然是這種「生態」轉折起伏過程中的一個環節。事實上，不只「餐飲安全」如此，其他的社會現象也都有這種特性：社會發展的軌跡不一定是往前進展，大部分是鋸齒狀的進進退退。而且，在每一個環節的轉折上，背後都隱含著造成轉折的某種內在或外在因素的刺激，否則社會就停留在「均衡」的狀態上，不管是一種好的均衡或不好的均衡。

更重要的啟示，是任何一個「生態」都是由一些相關的人所支持，而人在取捨時，絕大部分都是各為其利。只有當每個人基於各為其利的考慮、彼此配合牽制、而能支持一個「好的生態」時，令人滿意的現象才可能出現。否則，在良知道德上的呼籲，將只是一廂情願的空谷足音罷了。

不過，即使真的促成了社會在某個層面上的進展，大大小小的「衛爾康事件」顯然都是不好（不幸）的事件。相形之下，有哪些是促成社會進展「好的事件」呢？怎麼樣才能讓那些事件出現呢？

在分析社會現象時，先試著辨認出形成這種現象的「主要球員」；再由主要球員的性質，評估社會變遷的意義和可能性。

結語

在這一章裡，我嘗試呈現出經濟學的一些智慧。在個體經濟學部分，主要是對需求法則的描繪；在總體經濟學部分，主要是說明分析的方法。

需求法則，核心觀念是價量的反向關係。價格，當然不一定是貨幣的價格，而可以是心理或精神上抽象的價格。需求法則的精神，是價格的高低會影響人的行爲，而且是在特定的方向上。庫特（Robert Cooter）和于蘭（Thomas Ulen）的《法律經濟學》（*Law and Economics*）教科書裡，就明確的把法律看成是一種「價格」。法律愈嚴，犯錯的價格愈高；反之，亦然。因此，在設想法律時，就可以參考需求法則所透露出的資訊。當然，一般人在行爲取捨時，可能沒有體會到「價格」的高低；行爲的取捨，可能是基於其他的考慮。在這一點上，法律學者有很多的疑慮，而經濟學者還有很漫長的路要走。

另一方面，價量的反向關係要發揮作用，必須是當事人已經體會到「價格」的意義。譬如，飆車族或搖頭族對於違法所隱含的價格（成本），如果並沒有切膚之痛，在行爲上就不會有所因應。同樣的，青少年少女對於未婚懷孕的價格（成本），感覺可能很模糊。因此，如何讓行爲者體會到「價格」的實質內涵，顯然是經濟學者和其他學科學者努力的方向。

在總體經濟學方面，和法學至少有兩點明顯的關聯。一方面，各種分析總體現象的方法，都是思考上的工具；在面對官司或其他法學問題時，可以參考和利用這些分析方法。另一方面，官司雖然都是個別事件，但也都是許多因素交互運作後所造成。因此，在評估個別官司的意義時，值得把個別官司放在一幅較大的帷幕上，藉著較寬廣的背景，烘托出個別官司較完整的意義。

研究法學問題的經濟學者，目前絕大多數都是屬於個體經濟學的範圍；總體經濟學者共襄盛舉的日子，可能也不會太遠了！

相關文獻：

1. Coase, Ronald H. "The Institutional Structure of Production: 1991 Alfred Nobel Memorial Prize Lecture in Economic Sciences." *American Economic Review*, 824, pp. 713-19, 1992.
2. Cooter, Robert D. and Ulen, Thomas. *Law and Economics*, 2nd ed., Reading, MA: Addison-Wesley, 1997.
3. Freedman, Estelle B. "The Prison Lesbian: Race, Class, and the Construction of the Aggressive Female Homosexual, 1915-1965." *Feminist Studies*, Vol. 22, pp. 397-423, 1996.
4. Harvey, A. D. "Some Queer Goings-on in the Trenches," *New Statesman*, Vol. 12, No. 538, pp. 30-31, 1999.
5. Heilbroner, Robert. *21st Century Capitalism*, New York: Norton, 1993.
6. Jones, Franklin D. and Koshes, Ronald J. "Homosexuality and the Military," *American Journal of Psychiatry*, Vol. 152, No. 1, pp. 16-25, 1995.
7. Keynes, John Maynard. *The General Theory of Employment, Interest, and Money*, London: Macmillan, 1936.
8. Lucas, Robert. "Expectations and the Neutrality of Money," *Journal of Economic Theory*, 4, pp. 103-124, 1972.
9. Posner, Richard A. *Sex and Reason*, Cambridge, MA: Harvard University Press, 1992.
10. Smith, Adam. *The Wealth of Nations*, New York: Random House, 1937 (1776).

【第六章】

故事書裡的故事

——經濟論著選讀

前言

每年放寒暑假之前，總是有一些學生問我，想利用假期看點書，可否介紹一兩本好書？

對於大學生，我總是要他們去看小說，譬如金庸或高陽的作品。好的小說，對人情世故有深刻的描述；特別是對人性的刻畫，能增進學生對社會科學的體會。對於研究生，我會看情形而定，如果列了書名，我通常會提醒一下：除了看故事的內容，最好也試著感受作者是怎麼說故事的！我這麼提醒，是因爲在任何學科裡，研究的主題（subject matter）和研究的方法（analytical approach）都是非常重要，可是一般人往往著重前者，而忽略了後者。

在這一章裡，我將回顧過去讀過的幾本論著。這麼做，一方面是介紹和闡釋這些論著的慧見（insights）；另一方面，則是希望在經濟分析和法學研究之間，能作一聯結。由經濟學者所說的故事，過渡到法學裡的故事。

簡單的問題

《平等和效率：艱鉅的取捨》（*Equality and Efficiency: The Big Tradeoff*），是一九七五年出版的一本小書，只有一百二十四頁；但是，出版近三十年之後，這本書還是經常被其他學者引用。

作者歐肯教授（Arthur Okun），是美國一位總體經濟學者，論述等身，在詹森總統任內，他曾擔任首席經濟顧問，因此對理論和實務都相當嫻熟。當他快退休時，回顧自己的所學所知，寫成這本膾炙人口、影響深遠的小書。

在性質上，與其說這本書是對經濟活動（和經濟學）的辯護，不如說是對經濟分析的反省；歐肯由寬廣的角度，比較經濟活動和政治活動的差別，並且提出深刻的觀察，以及許多發人深省的問題。在內容上，歐肯則是緊扣「政治」和「經濟」這兩大主題，反覆鋪陳論證。具體而言，在政治領域裡，最高指導原則是「平等」（equality），譬如，每個人都只有一票，每個人都要受教育和納稅，每個人的基本權利都會受到保障等等。相形之下，在經濟領域裡，「效率」（efficiency）是最高指原則，優勝劣敗，適者生存，富者阡陌萬里，貧者無立錐之地。因此，政治和經濟這兩個領域，是採取截然不同的遊戲規則。

雖然平等和效率，政治和經濟，都是天壤般的差別，可是，在現代資本主義社會裡，卻兼容並蓄，讓兩種力量在兩個不同的領域裡各逞其能。而且，追根究柢，或許這種看似矛盾的組合，是巧妙無比的天作之合。以效率爲經濟活動的指導原則，可以提供適當的誘因，使企業家享受求新求善求美的果實；因此，社會有往前進展的動力。另一方面，以平等爲政治領域的指導原則，消極的可以縮減貧富強弱的差距，積極的可以提供立足點的平等，也就是公平競爭的機會。

在書裡，歐肯還有很多佳言警句。譬如，他提到：「由倫理的觀點爲資本主義找理由，完全沒有道理；可是，由效率的觀點來看，卻非常有說服力。」還有，他認爲：「資本主義和民主其實是很不恰當的組合；不過，也許這正是它們需要彼此的理由——求平等而不失理性，求效率而不失人性。」對我而言，多年前讀這本書之後，書裡的一句話，一直鮮明的留在我的腦海裡：「在考慮基本權利（right）時，不要忘記潛在的成本。維持言論自由的權利比較便宜，提供免於饑餓自由權利比較昂貴。」

在思考權利和其他價値時，這句話一針見血的標出經濟學者的忠告：權利的背後，一定有資源的付出；運用資源時，不得不有成本的考量。

生動的事實

和歐肯引人深思的沉吟相比，艾史德（Jon Elster）、賴比凱（Gary Libecap）和芮賽耳（Mark Ramseyer）的實證研究要平鋪直述得多。雖然他們的出發點不同，在目標上可能殊途同歸。

艾史德在芝加哥大學政治系任教，但是論著涵蓋哲學、政治、經濟。他所編的書，書名就很有意思，《美國的地域性正義》（*Local Justice in America*）。千百年來，不知道有多少智者賢者，討論過「正義」這個主題。但是，很奇怪的，千百年來的討論，幾乎都是在概念思維裡打轉。相形之下，艾史德別出心裁的提出了個小哉問：在眞實的世界裡，到底人們怎麼運用「正義」這個概念？這個對問題的切入點，有點呼應胡適之的名言：拿證據來！在概念層次上辯難，可能各說各話；不如讓證據來說話，看看眞實世界裡的正義。

書中除引言和結論兩章，共有四個個案研究。首先，是大學申請入學的制度。在美國，無論公私立大學，都是經過一道申請審核的手續。公立大學，由納稅義務人的錢支持，因此各種規定公開透明，向監督機關負責。可是，私立大學向董事會負責，和納稅義務人無關，只要符合相關的法律規定，入學資格各校自己決定。

問題的關鍵，就在這裡：私立大學新生的名額有限，如何把這些有限稀少的資源，公平合理的分配給眾多的申請者？實證研究的結論是：各校通常是黑箱作業，各有各的單行法，也不願意把作法公諸於世。（試問：如果校友捐了大筆經費，校友的孩子申請入學，雖然成績表現不甚了了，是不是還是可以有某種程度的「特殊考慮」呢？）

第二個個案，是洗腎和換腎的等候名冊。洗腎和換腎，都非常昂貴。資源稀少，涉及的因素又複雜：病患的年齡、身體狀況、經濟狀況、手術成功率、等候時間等等，交錯相纏，很難明確的排出皆大歡喜的優先次序。而且，令人意外的是，有些黑人臨終時，指定器官只能捐贈給黑人，而不給白人；這符合正義嗎？

第三個例子，是資遣的先後次序。經濟不景氣，公司或工廠要資遣一部分員工，那麼要根據哪些指標呢？比重又是如何？年輕的，資淺，但是生產力可能較高；年輕大的，資深、貢獻多，但是生產力可能已經走下坡。還有，要不要考慮實際需求呢？單身的員工和家有老弱婦孺的員工，是不是該有差別？如果是，差別是多少？

最後一個難題，是美國的移民配額。世界各地，每年都有很多人想移民到美國，可是美國所願意接納的人數有一定的上限。因此，在這個限額之內，每年由國會決定分配的方式。問題的本質，還是一樣：對於稀少性資源，如何訂出合情合理的遊戲規則？在這個問題上，影響的因素，主要是美國國內選民的壓力和國際關係的利害考量。

艾史德的結論，可以歸納成兩點：一方面，正義的理念，不是超然獨立於現實之外，而是被各種現實條件所影響形塑而成。另一方面，各個環境地域，有各自解讀和取捨正義的方式。因此，只有地域性的正義（local justice），沒有舉世皆然的正義（universal justice）。

第二本實證研究，作者是賴比凱，書名爲《議定財產權》（*Contracting for Property Rights*）。書中的四個個案，都是處理「共有資源」（common pool resources）的問題。其中，加州淘金熱時的採礦權和德州油田的開採方式，是兩個極端，分別是成功和失敗的代表。

二十世紀初，加州發現金礦，消息傳出之後，大批民眾扶老攜幼，湧入加州山區，追求一夜致富的淘金夢。在礦民們來之前，礦區只是一片杳無人煙的山谷丘陵，現在可是埋藏著無窮希望的寶地，可是人多礦少，怎麼分呢？

影響礦區分配的因素，主要有幾個：一，荒山野外，政府（公權力）幾乎不存在，大家要自求多福。二，強凌弱、眾暴寡，憑著拳頭和快槍，可能逞快於一時，但是無法持久。三，每個人的體力有限，貪多反而容易吃虧。四，金礦藏在地下，從地面上看不出好壞。因此，在這些主觀客觀因素的交互作用之下，分配採礦權的遊戲規則，逐漸浮現；大家利益均沾，而且相安無事。叢林社會裡，慢慢演化出一種眾議僉同的財產權結構（property rights institution）。後來，這種財產權結構，也被官方的司法體系所吸納和承認。

第二個例子，是關於美國德州的石油探勘公司。十九世紀中期，在美國德州發現石油之後，尋求黑金的人大量湧入德州，到處有大大小小的探勘公司，希望能一夜致富。可是，雖然地面上的土地所有權涇渭分明，但地底下的石油蘊藏卻是連成一氣、不分彼此。每鑿一口井所費可觀，但不一定探得到油；然而，鑿井之後，會讓地下氣的壓力因爲有孔抒解而減少，這會使其他鑿井的工程和抽油更困難、成本更高。可是，對每一個探勘公司而言，當然不願減少自己的鑿井數量而成全其他人。結果是，鑿井的數目愈來愈多，大家的成本也愈來愈可觀。

在這種情形下，政府和有識之士就極力推動改革，希望這些爲數眾多的探勘公司能彼此合併，共同開發。一旦合併之後，共同持有的土地面積增大，就可以從大處著眼、選擇性的鑿井探勘。合併當然是個利人利己的安排，可是問題的關鍵在於：合併之後，探勘的利益怎麼分配？根據地表面積分成，是最明顯直接的作法，不過面積並不一定能反映價值。只要能冒得出石油，彈丸之地的價值可能要遠遠超過荒地千里。如果按過去探勘得油的績效分成，也有爭議，因爲過去成績好的，可能地表之下已經無油可取。類似的爭執不勝枚舉，結果是眞正合併成功的公司非常少有。

根據資料，各逞所能的探勘方式，獲油率是百分之二十到二十五；但是，採取聯合探勘方式，獲油率可以高達百分之八十五到九十。結果，在近三千座油井裡，只有一百八十五個局部合作協定；而達成全面合作協定的，不到一打。到一九八〇年爲止，美國有全世界百分之八十八的油井，但是只生產全世界石油產量的百分之十四。

賴比凱的結論，直截了當：要了解財產權的結構，一定要弄清楚當時的輿情和民俗、過去的作法，以及相關人事的利之所在。和艾史德的故事一樣，財產權的結構，不是根據抽象的原則而來，而是被眞實世界裡活生生、血淋淋的力量所形塑。

第三本實證研究，是關於日本。作者芮賽耳是日本通，原先在芝加哥大學法學院任教，後來應聘到哈佛大學擔任新設立的三菱講座教授（Mitsubishi Professor）。在考證大量古代日本的契約和各式紀錄之後，他寫成很特別的一本書，書名是《日本歷史上的殊異市場》（*Odd Markets in Japanese History*）。

由書中三個事例，可以看出他從史料裡發掘出的事實和趣味。首先，是溫泉（hot springs）水權的演變，而城崎地區（Kinosaki）的故事，很有代表性。這是一個位於海邊的社區，以溫泉著名，據說在七世紀時，一位年邁多病的日本天皇曾經造訪過當地。

二十世紀初，居民有兩千三百人，有六座天然溫泉，都開放給公眾使用；居民們擁有六十家旅社，接待遊客。一九一〇年，鐵路網及於城崎，遊客人數大增。都會區來的人偏好隱私，爲了滿足他們的偏好，新的旅館就開鑿管線，把溫泉直接引入客房。當新的旅館愈來愈多時，六座公共溫泉裡的水慢慢減少，甚至枯竭，原來那六十家老式旅社，仰賴公共溫泉，生意當然大受影響。

權益受損的居民，控告新旅館私引溫泉是違法。官司結果，新旅館勝訴。因此，新的旅館繼續興建，也繼續把溫泉引入客房裡。城崎愈來愈繁榮，到一九六〇年爲止，每年遊客已經高達五十萬人。

其次，是十七世紀到十八世紀的童工市場。童工，指的是未成年的勞動力。在十七世紀初期，日本主要是一個以農業社會爲主的經濟體系。在農業社會裡，童工契約有三種基本的型式：第一種是**長工型契約**（indentures），由僱主先付工資給童工的父母，然後長期運用童工的勞動力。第二種是**以工還債契約**（pledges），當童工的父母借錢時，向債主保證，若到時無力償還，則由子女工作數年，以工資還債。第三種是**買賣**或**收養**（sales or adoptions），由父母將子女出賣，或以收養的方式出讓童工。

芮賽耳發現，由一六〇〇年到一八六〇年，經濟發展帶來都市化，連帶的對童工市場造成很大的衝擊。具體而言，他由資料中發現幾點事實：在都市化發展之前，農村人口沒有其他就業機會，因此會和地主簽訂長期契約。都市化發展之後，人口流動性增加，長期契約無法維持，因此契約年限縮短，而且稚齡童工的契約逐漸消失。當契約變短之後，父母對子女的影響程度也下降，如果控制太緊，子女會移往城市謀生。最後，都市化提供了就業機會，而就業機會改變了農村勞力契約的性質，連帶的影響了父母子女之間的相對關係，和過去相比，子女的自主性提高。因此，和傳統的農業社會相比，在一個現代化、經濟活動比較頻仍的社會裡，勞動這種生產要素的機會要多得多，而人的尊嚴也隨之水漲船高。

第三個實證研究，是日本的性產業。在任何社會裡，性產業都具有很特殊的地位；在日本，當然也不例外。妓女、藝妓總是貧困家庭裡的弱女子，被賣身到妓院或藝館，從此過著暗無天日、慘無人道的日子，隨時生活在暴力恐嚇的陰影裡。在日本，不只在小說報導裡是如此，在學者們的筆下也是如此。

芮賽耳「拿證據來」的結果，呈現出一幅大不相同的景象。他由資訊不對稱（asymmetric information）的角度，提出理論上的解釋：由女性的角度來看，投身妓女或藝妓，對自己和家人都帶來名譽上的損失；而且，一旦入行，不容易轉業，對於將來的收入所得，也了解有限。相對的，由妓院藝館的角度來看，他們知道這個行業的情況，也具有承擔風險的能力——可以多僱幾位女性，不要把所有的雞蛋放在一起。

因此，爲了取信於女性，妓院藝館會以優厚的前金，和女性簽下一紙長期契約（兩年到六年不等）。這種特殊的契約條款，就是爲了解決僱傭雙方的資訊不對稱。妓女和藝妓，未必是生活在暴力恐嚇的陰影下。

芮賽爾搜集到很多資料：一九二〇年代，妓女平均每晚接待二．五四個客人，每個月工作二十八天；相形之下，非技術性的女工，每天工作十至十二小時，每個月工作二十八天。同時期，妓女的收入，是女工的一．七九倍。在東京地區，申請成爲有照妓女的女性裡，只有百分之六十二如願以償；以年齡分布來看，十八至二十歲以下的妓女爲一一〇四人，二十一至三十歲的妓女爲三八二八人，三十一至四十歲的爲二一四人，四十歲以上的合法妓女只有六人。

因此，至少在日本、至少根據芮賽耳的資料，妓女和藝妓的際遇，未必像小說裡或學者筆下那麼悲慘。芮賽耳最後的結論，是這麼開頭的：「在十二世紀法國托羅斯地區（Toulouse），公立妓院盈餘的一半，捐給當地的大學。在日本，沒有這種事。日本的妓院從來沒有試著用錢來收買學院派，也從來沒有得到學院派的任何支持。」探討殊異的市場，得到殊異的結論！

抽象來看，艾史德、賴比凱、芮賽耳的這三本實證研究，有一些有趣的含意。最重要的，當然是處理問題的方式。對於正義公平等理念，哲學家們可能花很多很多的時間，在各種名詞概念裡打轉，希望能掌握這些理念。可是，社會科學學者所採取的方式，往往是「多言無益、讓證據來說話」；到實際社會裡，去了解這些理念的輕重寬窄、長短大小。

由一連串的個案研究裡，他們三位都直接間接的一再表明：公平正義、遊戲規則等等，都是在環境裡各種力量的交互影響下逐漸形成；在分量上，實際力量的比重要比抽象理念的比重大得多。當然，社會科學研究者的責任，就是希望能歸納出一些「規律性」（regularity），掌握了人類行爲和社會現象的規律性，才能舉一反三、預測、因應。

簡單的說，他們三位的論著，都是「上窮碧落下黃泉、動手動腳找材料」的成果；他們找到了有趣的材料，也編織成有趣的故事。

平實的理論

上一節回顧的三本書，都算是個案研究；由一連串的個案裡，萃取出精緻的智慧。在這一節裡，我將回顧三本理論性的鉅構；雖然三本書厚薄不同（薄的一五二頁，厚的一〇一六頁），但都提出了清晰、完整、有說服力、但很平實的理論架構。

首先，是寇爾門（James Coleman）磚塊般的大作。寇爾門是一位社會學者，任教於芝加哥大學，曾經擔任美國社會學會的會長。他和諾貝爾經濟獎得主貝克是好友，也接受貝克的經濟分析。《社會理論的基礎》（*Foundations of Social Theory*），就是他在將退休之際，嘔盡心血的集大成之作。他由經濟學「理性選擇」的角度，重新組合和闡釋社會學的理論。

在社會學論著裡，很少有類似一以貫之、致廣大而盡精微的巨構。對於他的這本書，曾經有書評表示，如果社會學也設有諾貝爾獎，那麼寇爾門和他這本鉅作受之無愧。我曾用這本書當教科書，覺得有兩點特別值得介紹。

就內容而言，我認爲「社會資本」（social capital）這部分，是整本書最精彩的部分。「社會資本」的概念，可以先用一個例子來反映。如果一對年輕夫婦在紐約市生活，那麼他們很可能不敢讓他們的稚齡子女自己在外面街巷附近玩耍。原因很簡單，紐約這個大城市裡人際關係淡薄，同一棟公寓裡的鄰居老死不相往來，街巷之間毒品犯罪氾濫，誰也不知道什麼時候會有橫禍飛來。相反的，如果這對年輕的夫婦是住在摩門教的大本營，美國猶他州的鹽湖城，那麼在那個宗教氣氛濃厚的環境裡，街坊鄰里彼此都認識，不用擔心小孩子會被壞人拐走，萬一有大小事故發生，街坊鄰居也會彼此照顧。所以，自然而然的可以放心讓小孩子出去玩耍。在這個例子裡，住在鹽湖城的父母可能認爲，環境裡面有一種可以依賴的安全感，這種環境裡存在的安全感，可以說就是一種可以運用和依恃的資源。

對於這種無形的資產，社會學者用「社會資本」（social capital）來描述。「社會資本」的概念，對經濟學者有很大的啓發性；經濟學裡研究的多半是廠房、機器等這些有形的、具體的「物質資本」（physical capital）。最多是加上對「人力資源」（human capital）的探討：藉著教育、在職訓練等，可以提升人力資本。當充沛的人力資本和良好的物質資本結合之後，就可以創造出豐碩的果實。可是，「物質資本」是有形的，「人力資源」是藏諸於個人的，而「社會資本」則是無形的，是蓄積在人和人之間的。「社會資本」當然不只是一個人對環境的熟悉或心理上的安全感，也可能是一種對別人、對典章制度的信任。

就分析方法而言，我認爲寇爾門的處理方式，大有可取之處。他的理論，可以以「總體——個體——總體」（macro-micro-macro）這兩部曲來反映。首先，在任何社會裡，都存著一些眾所接受的風俗習慣和思想觀念，人們就活在這些風俗習慣和思想觀念所形成的網絡裡。因此，解讀社會現象的第一部曲，就是試著解釋，個人如何受到（總體）環境的影響。其次，由旁觀者的角度來看，任何一種社會現象，都是人際互動之後的結果；因此，換一種說法，就是社會現象是個體行爲加總之後，所形成的結果。社會理論的第二部曲，就是試著解釋，如何由個體行爲、匯總之後而成爲總體現象。然後，總體現象所隱含的思維傾向，會如何再影響個體在下一回合的舉止。一個好的社會研究者，就是能分別在前後兩部曲上，提出合情合理的解釋，而且還能再讓這兩部曲頭尾前後相連，構成一個循環不已的體系。

和寇爾門的集大成之作相比，布坎楠和塔洛克（Gordon Tullock）的鉅作，在分量和邏輯嚴謹的程度上，都不遑多讓。事實上，他們在一九六二年發表的《眾論》（*The Calculus of Consent*），被譽爲二十世紀最重要的三本政治論作之一。當然，這本書不僅奠定了「公共選擇」（public choice）這個學科的基礎，也是布坎楠後來得到諾貝爾獎的主要原因。

兩位作者所要討論的問題，就是爲當代的民主憲政社會（constitutional democracy），提出邏輯上合情合理的解釋。全書三百六十一頁，分爲十八章，章章精彩，最後還有兩個文獻回顧式的附錄，分別由布坎楠和塔洛克執筆。就內容而言，我認爲有幾點特別值得強調。

首先，是他們開宗明義，標明「方法論上的個人主義」（methodological individualism）。這個概念，是指在建構理論時，會以個人爲基礎；以個人爲分析的基本單位，當然和以政黨或道德哲學爲分析基礎不同。而且，個人，是指活生生、有血有肉的人，如你我一般，只有人才能感受到喜怒哀樂，才是價值最後的寄居處。如果以民族自尊、歷史責任等抽象的理念爲出發點，顯然就容易落入眾說紛紜、莫衷一是的虛華空泛。在布坎楠其他的學術論作裡，「方法論上的個人主義」也是他一再強調的概念。

其次，是由「成本」的角度，探討民主憲政社會的基本規章。人和人相處，要一起面對一些共同的問題，譬如交通治安國防等等，在處理這些問題時，人們會自然而然的發展出一些遊戲規則（基本規章）。而在選擇這些規章時，人們面對兩種成本：決策成本（decision-making costs）和外部成本（externality）。前者，是人們花在討價還價、協商爭議上的時間心力；後者，是一旦某種結果和自己的偏好不同，對自己造成的困擾或傷害。譬如，自己是單身，結果眾人通過，國民由小到大的教育，全部公費，也就是由納稅人來支付。那麼，自己就要承擔這個公共政策所帶來的外部成本。

採取愈鬆的表決規則，決策成本愈低；愈緊的規則，決策成本愈高。譬如，一百人的團體，採取二分之一的簡單多數或四分之三的嚴格多數，就隱含不同的成本。相對的，採取愈鬆的表決規則，外部成本愈高；愈緊的規則，外部成本愈低。因爲，愈緊的規則，自己愈不容易成爲落敗的少數，因此會承擔較少的成本。所以，由決策成本的角度看，表決規則愈鬆愈好；由外部成本的角度看，表決規則愈緊愈好。兩位作者的立論，就是：最好的規則，是讓兩種成本相加之後，總成本最小的規則。

當然，在現實社會裡，特別是人數眾多時，很難具體掌握兩種成本的規模大小；但是，分析公共事務的決策過程，由成本的角度著眼，在觀念上確實比較清晰明確。

第三本理論鉅作，是諾斯（Douglass North）的手筆，而且也是以成本爲論述的經緯。他的《制度、制度變遷與經濟成就》（*Institutions, Institutional Change, and Economic Performance*）是學術上的巔峰之作，也是他得到諾貝爾經濟學獎的重要原因。

諾斯的專長是經濟史，而貫穿全書的主題是：「爲什麼有些社會邁上繁榮之路，而有些社會卻停滯不前、甚至步向衰頹？」爲了回答這個大哉問，諾斯發展出一些分析性的概念，然後逐步堆砌他的架構。不過，雖然這本書是理論鉅作，他的「故事」其實淺顯而曉白。

首先，「人」是組成社會的基本元素，無論是在原始社會或現代工商業社會，人的基本特質就是「自利」，希望能追求自己（家人、親戚、事業等等）的福祉。其次，人和人互動的關係，最好能出現一加一大於二的結果；因爲只有當一加一大於二時，新的價值才能衍生，而資源才能累積。再其次，要處理人際互動，聰明的人會發展出各種風俗習慣，這是「非正式規則」（informal constraints）；然後，當社會進一步發展之後，才會有政府司法、律令規章等等「正式規則」（formal constraints）。

有了穩定的非正式和正式規則，社會就具備了一套脈絡分明的「制度環境」（institutional environment），在大致健全的制度環境之下，民眾就可以各盡所能，並且享有奮鬥的果實。這個故事固然簡單，但是諾斯也多次強調：人類歷史上，繁榮和穩定的社會是例外；由柏林圍牆倒塌前的社會主義國家，或九一一事件後的潛在危機來看，諾斯的觀察確實發人深省。

寇爾門、布坎楠、諾斯的三本鉅作，有一些共同點。一方面，他們都提出完整的理論架構，而且這些理論都可以說是涵蓋面很廣的「大理論」（grand theory）。對於讀者來說，既可以清晰的體會到「理論」的架構和意義，也可以廣泛的運用這些理論。另一方面，這三個大理論，都是屬於社會科學的範圍，也都是以「個人」爲理論的基本分析單位。也就是，在這三個理論裡，「個人」都是核心的概念，由個人再發展到群體和社會。對於讀者來說，這種論述方式，不僅有如「一生二、二生三、三生萬物」般的簡潔明瞭，而且也容易和讀者的生活經驗相呼應。

簡單的說，他們的理論，都具有簡單、明確、平實的特色；掌握了他們的理論，就像練熟了少林武當等名門大派的基本武功一樣——一出手，就知有沒有！

深刻的洞見

在一九八八年，寇斯出版了他的自選集，這似乎是預告，爲他將在三年後得到諾貝爾獎昭告天下。

在寇斯的這本小書《廠商、市場和法律》（*The Firm, the Market, and the Law*）裡，沒有氣吞山河的「大理論」，也沒有前後一貫的個案研究。勉強的說，在這本選集的七章裡，有「兩篇文章、一個概念、一個定理」。兩篇文章，指的當然是寇斯在一九三七年和一九六〇年發表的經典之作；一個概念，當然是無所不在的「交易成本」（transaction costs）；一個定理，當然是名聞遐邇的寇斯定理（Coase Theorem）。

經濟學者們都津津樂道（不少是帶著少許的酸味），一九三七年的文章，是寇斯二十餘歲時的作品，卻引發了廠商理論（theory of the firm）——或產業組織（industrial organization）——這個全新的研究領域；而且，在這篇文章裡，首先提出交易成本這個重要的分析性概念。一九六〇年的論文，是新興法律經濟學的發軔。論文提出的寇斯定理，使這篇論文被引用超過兩千次以上；這是包括經濟學和法學這兩個領域在內，被引用次數最多的論文。

在另外一層意義上，「兩篇文章、一個概念、一個定理」所以重要，是因爲寇斯像是一位絕佳的引言人。他提醒經濟學者，可以從某些新的、有趣的角度看事情，可是他自己並沒有下結論，而是留下極其廣闊的空間。其他的經濟學者，不斷的加入對話，也不斷添增新材料、新見解、新智慧。

那麼，他引言的內容又是什麼呢？依我的了解，交易成本的概念，確實對經濟學者帶來很大的衝擊，也對經濟理論產生深遠的影響。諾貝爾獎得主亞羅（Kenneth Arrow）曾經譬喻，「交易成本」就像是物理世界的摩擦力。如果沒有空氣阻力，就像在眞空裡一樣，物件的墜落速度會完全一致。那麼，在眞實的世界裡，如果人際之間的交往沒有任何阻力（交易成本），世界會是何等模樣？那兩千多篇引用寇斯的論文，都是直接間接的在試著回答這個問題。

另一方面，在處理交易成本和寇斯定理時，寇斯採用了一種極其特殊的分析方法，簡單明瞭、卻很有說服力——我稱爲「基準點分析法」（the benchmark approach）。在分析任何問題時，他先標出一個基礎點，然後再以基礎點爲標竿，分析他所要處理的問題。經由對照和比較，往往很容易闡明問題的焦點所在。法學裡很多法原則（doctrines），其實都是基準點分析法的運用。譬如，「正常人法則」（the reasonable person rule），就是以一個正常、有代表性的人爲基準，評估當事人的行爲是否逾矩。而且，法學研究裡所採取的法理式分析（doctrinal analysis），在本質上也就是基準點分析法。

我把這個觀點寫成論文，蒲士納法官看過之後表示：難怪寇斯在法學界有那麼大的影響力，因爲他的分析方法和法學研究的分析方法之間，是如此的類似！

結語

在這一章裡，我回顧了八本社會科學的論著，其中主要是經濟學者的作品。雖然從表面上看起來，這些書籍之間似乎沒有明確的關聯，但是在書的取捨和次序的安排上，還是有脈絡可循：我希望透過描述這些書，勾勒出經濟學（者）所隱含的故事。

歐肯的《平等和效率》，先提出了價值權衡取捨的問題。接著，艾史德的《美國的地域性正義》、賴比凱的《議定財產權》、芮賽耳的《日本歷史上的殊異市場》，則是由實際的個案研究裡，希望能找出某些答案。然後，在寇爾門的《社會理論的基礎》、布坎楠和塔洛克的《眾論》，以及諾斯的《制度、制度變遷與經濟成就》這三本鉅作裡，他們分別呈現出一套體系完整、層次井然的理論架構。最後，則是寇斯的論文選集；寇斯沒有提出任何理論架構，也留下許多懸而未決的問題。但是，他簡潔清晰的分析方法，反映了經濟分析平實但直指核心的思維方式。

當然，經濟學者所說的故事，還會延續下去。

相關文獻：

1. Buchanan, James M. and Tullock, Gordon. *The Calculus of Consent*, Ann Arbor: University of Michigan Press, 1962.
2. Coase, Ronald H. *The Firm, the Market, and the Law*, Chicago: University of Chicago Press, 1988.
3. --------. *Essays on Economics and Economists*, Chicago: University of Chicago Press, 1994.
4. Coleman, James S. *Foundations of Social Theory*, Cambridge, MA: Harvard University Press, 1990.
5. Elster, Jon. ed. *Local Justice in America*, New York: The Russell Sage Foundation, 1995.
6. Libecap, Gary D. *Contracting for Property Rights*, Cambridge: Cambridge University Press, 1989.
7. North, Douglass C. *Institutions, Institutional Change, and Economic Performance, Cambridge*, UK: Cambridge University Press, 1990.
8. Okun, Arthur M. *Equality and Efficiency: The Big Tradeoff*, Washington, D. C.: The Brookings Institution, 1975.
9. Ramseyer, Mark. *Odd Markets in Japanese History*, Cambridge: Cambridge University Press, 1996.

【第七章】

經濟分析的深層意義

——三探經濟學的行為理論

前言

在法學裡，分成民法、刑法、憲法等領域，法律學者各有所長，也各有所屬。同樣的，在經濟學裡，分成個體、總體、國際貿易、產業組織等領域，經濟學者各有所長，也各有所屬。

可是，當經濟學者進入法學時，卻打破法學的傳統劃分；經濟學者通常是以經濟分析，探討所有的法學問題。譬如，蒲士納、薛維爾（Steven Shavell）、南笛司（William Landes）等重量級學者，論述範圍幾乎涵蓋所有的法學領域。當然，這可能是學科發展初期，分工還不十分精細時的正常現象。不過，由另外一個角度看，這也表示經濟分析可以一以貫之，利用同一種分析工具，探討不同的法學問題，而且都有新意。

在這一章裡，我將再次探討行爲理論，並且嘗試歸納出經濟分析的抽象內涵，希望能提煉出經濟分析較深層的意義。

誰說的故事好聽？

無論是在經濟學或法學裡，各種理論往往被描述爲不同的「故事」（stories）。因此，經濟學者和法律學者，等於是在述說不同的故事。那麼，誰說的故事好聽呢？

在法學論述裡，司法案件經常是論述的重點。可是，爲什麼呢？爲什麼法學這個學科，要以法院裡的官司爲討論的重點呢？乍看之下，這個問題有點自相矛盾。司法案件，本來就是法學論述的重要材料；在法學論述裡，引用重要的司法案件，可以闡明或佐證各種論點。這一點，當然很清楚，不過法律不只是和司法案件有關，更和社會上所有的人都有關。和社會上人們互動的頻率相比，法院裡出現的案件只是非常微不足道的一小部分。那麼，爲什麼要以這些極其特殊的案件，作爲法學討論的重心？

對法庭和法律學者來說，這些奇奇怪怪的案例，是呈現在他們面前無從逃避的問題。即使事件本身離奇荒謬，他們也必須處理，而且還要編織出一套能自圓其說的邏輯。當然，這些極其特殊的案件，也促使他們的思維變得更縝密精緻，或是引發了法理上新的見解。譬如，一九二〇年代左右，發生了一件著名的案例：已經著火的兩棟房子，先後延燒到苦主的房子，那麼苦主要告哪一位鄰居，或兩位都告？或者，也是在一九二〇年代的案子，發生在紐約：月台上有人抱了一大包東西，趕上將駛離月台的火車，包裹由手裡滑落，裡面的爆竹掉到鐵軌上，引發爆炸。月台上的一個體重計受波及，壓到一位婦女造成傷害。那麼，鐵路公司或月台人員要不要負責呢？

可是，如果以這些極其少見，甚至詭譎無比的案例，作爲法學理論的主要基石，等於是以特例來建構通則，以異常作爲標竿。說得極端一些，這好像是以精神病患的行爲爲材料，發展出一套解釋，甚至是規範一般人的行爲規範！由邏輯和常情常理的角度看，都說不過去。

對照之下，經濟學者所說的故事，要枯燥無趣得多，不過最大的特點，是經濟學者的故事比較合乎常情常理：在糖果的市場裡，有些人想買糖果，這是需求；有些人想賣糖果，這是供給。供給和需求碰面，決定了糖果的價格，也決定了買賣糖果的數量。追根究柢，經濟學者的基本故事就是這麼平淡無奇。沒有懸疑，也沒有緊張；沒有道德上的兩難，也沒有生命中的悲歡離合。然而，在這個簡單的故事裡，卻蘊含著一些極其重要的理念。

在市場裡，價格會影響買方和賣方的行爲，這個現象似乎卑之無甚高論，其實不然。這意味著人的行爲，會受到誘因的影響；當價格低時，買方有誘因多買一些，賣方有誘因少提供一些。而且，這種誘因和行爲之間的密切關係，不只限於金錢或貨幣的價格。當週末酗酒駕車的人變多時，比較謹慎的人就會少開車或外出；深夜裡交通警察少時，闖紅燈的人就會多一些。各種道德、良知、善惡等價值，都會透過所隱含的誘因而影響人的行爲。

既然誘因會左右人的行爲，在探討政策或法律問題時，市場的概念就隱含一種「往前看」的態度——採取某種政策或作出某種判決，會形成哪種誘因，在未來會引發哪些行爲？更重要的，市場活動本身，是由許多條件所支持。在魯濱遜的世界裡，不會有市場；在人煙稀少的原野裡，可能只有偶爾出現的市集。因此，雖然現代社會裡，超級市場和便利商店幾乎無所不在，可是市場並不是憑空出現或必然存在的，而是某些條件支持下的產物。換種說法，市場的概念，意味著一種條件式的思維——在相關條件的支持之下，才會得到某些結果。所以，任何政策要發揮作用，必須透過現實條件的檢驗，而不能只訴諸嚴謹的邏輯或精確的推論。

而且，市場裡的活動，基本上是合則兩利；因爲是互惠，所以雙方都是心甘情願、樂見其成。一旦完成交易，雙方的福祉都提升，更可以準備進行下一波的交易。因此，隨著一波波的交易，社會的資源累積得愈來愈多。事實上，買賣所引發的糾紛，可能只占完成交易很微不足道的一小部分；在市場裡，交易完成是常態，發生糾紛是例外。

所以，在探討人際之間關係的規範時，是以市場的常態爲標竿比較好，還是以兩造訴訟這種例外爲標竿比較好？對人際關係的期許，是希望像市場買賣所隱含的興利，還是希望像法庭官司所意味的除弊？還有，誰的故事比較好聽呢？由各種光怪陸離的案例裡，傳統法學歸納出很多智識上的趣味和智慧；法學論述和官司卷宗裡出人意表、令人拍案稱奇的故事，遠遠不是經濟學裡千篇一律的魯濱遜漂流記所能比。（經濟學者常用魯濱遜的故事，描述在一個人的世界裡，如何解決生和消費的問題；當星期五出現後，就有了交換、分工和專業化的可能。因此，有人認爲，魯濱遜漂流記的作者，是一位經濟學者。）但是，哪一種故事比較有說服力呢？

對於這些問題，蒲士納法官所強調「財富極大」（wealth maximization）和「仿效市場」（mimic the market）的論點，顯然有相當的參考價值。在處理或思索法律問題時，以市場裡的自願性交易爲基準點，就是希望能得到合則兩利的結果。而且，以市場裡正常、典型的交易爲基準點，而不以發生糾紛、例外的交易爲基準點，就是希望發揮指標性的作用。

由研究市場、供需和經濟活動，使經濟學者在思索問題時，會習慣性的運用體系（system）和行爲因應（behavioral response）的概念。換句話說，雖然市場是由許多個別的供給者和需求者所組成，但是市場本身是一個體系，體系裡的個體彼此影響，彼此牽制，也會受到體系之外因素的影響。而且，這些個體在行爲上的因應，可能是以間接婉轉的方式來表達。

最後一點，一旦掌握了牛奶麵包等產品的市場之後，經濟學者在腦海裡會用同樣的概念和架構，去認知和分析其他的活動。譬如，賭博的稅賦增加時，就會有許多境外或地下的公司出現。還有，各種職業球賽固然是一種供需相會的市場，職業球員本身也是在某種勞力市場裡活動。因此，市場的架構，提供經濟學者在思維上一個非常簡潔、但是很有力的工具。

總結一下，對經濟學者而言，以市場作爲參考座標有兩層意義：在實質上，市場交易具有雙方互蒙其利的特性；在分析上，市場架構提供了思維上明確的脈絡。下面這個故事，就生動的反映了在運用資源時，市場機能和非市場機能的差別。

警察捉小偷的故事

這個警察捉小偷的故事，真是緊張刺激、懸疑詭譎之至。

一切曲折，都由一位不起眼的外籍勞工開始。這位老兄離鄉背井、遠渡重洋，受僱於一個權貴豪宅。在前後三個月的時間裡，他陸續偷走了重達九十公斤的珠寶；然後，以快遞包裹，把珠寶寄回千里外的老家。

這批稀世珠寶價值兩千萬美金，其中包括一顆市價兩百萬美金的藍鑽。可惜，小偷不識貨，他完工回國後，開始脫手這批珠寶，一件三十美元！小偷不識貨，別人可識貨，這批珠寶被一位行家買下，準備加工後再轉手賣出。但是風聲逐漸走漏，警方適時介入，一舉破獲了這個跨國竊案。除了最珍貴的那幾顆寶石還不見蹤影，其餘珠寶重見天日，物歸原主。這個消息傳為國際美談，負責偵辦的高階警官，還得到友邦政府贈勳褒揚。

如果故事就這麼結束，當然太平凡無奇了一些；還好，在平靜的水面下，往往暗潮洶湧，還有噬人的旋渦……

整個故事的轉折點，是珠寶商以「收購贓物」而被逮捕。警察捉到他、摸清楚這批珠寶底細之後，知道自己手裡有一隻大肥羊。嚴刑拷打之下，珠寶商吐出了部分珠寶，但是警察還不滿足。因此，珠寶商屋漏偏逢連夜雨，他太太和十四歲的兒子，「剛好」在這個時候被綁架，歹徒要求贖金兩百五十萬美元。一週之後，兩人的屍體倒臥在一輛賓士轎車裡，警方調查結果，兩人是因「車禍」意外死亡。

地主國的警方忙得不亦樂乎，但是也沒有冷落了原始的苦主——自己的友邦。一個天朗氣清的日子裡，友邦的領事和兩位外交官，都在住宅附近遇襲喪生。然後，一位似乎知情的外商，也突然神祕失蹤，很可能已經命喪黃泉、屍骨無存。等到塵埃落定，前後共有十七個人橫死或失蹤，真正應驗了「鳥為食亡、人為財死」的古訓。不過，最扣人心弦的，是破案後送還原主的珠寶，竟然是仿冒的複製品！友邦脾氣再好，也受不了這種羞辱，因此立刻召回大使，暫時中止兩國的外交關係。在國際壓力下，地主國終於展開調查，原來破案有功受勳的警官，轉眼之間以貪汙罪被起訴。審判結果，兩位高階警官以貪汙汙罪被判刑七年，立刻入監服刑。

這可不是克蘭西（Tom Clancy）諜報小說裡的情節，而是活生生、血淋淋的真實事件。最早的竊案，發生在一九九〇年六月到八月之間。那位外籍勞工是泰國人，名叫田嘉蒙（K. Techamong）；苦主是沙烏地阿拉伯的皇室成員，王子賓阿布瑞（Prince F. bin Abdul Raish）。被凌虐的珠寶商，名叫石塔那汗（S. Sritanakhan）；最佳男主角葛達思中將（Lieutenant General C. Kerdthes），是泰國警方的重要人物，相當於台灣警政署或大陸公安部的部門主管！

根據報導，葛達思將軍在牢裡的日子過得有聲有色。他組成搖滾樂團，發行唱片，而且把收入捐作獄友福利金。他還在上訴，並且宣稱：「並不是所有坐牢的人都是有罪的！」聰明的人也許可以聽出他的弦外之音：「並不是所有沒坐牢的人都是清白的！」。

對於這個故事，不同的人可以得到不同的啟示。對經濟學者的啟示之一，是這個故事驗證了「市場」的優越性。在任何一本大一經濟學教科書裡，作者都會強調：透過市場裡「自願性」的交易，資源會流向價值最高的使用途徑。

在這個警察變強盜的故事裡，珠寶由一件三十美元，再流到識貨的珠寶商手裡，再落入高階警官（和他們的上級？）的口袋裡。資源，依然是輾轉流向價值最高的使用途徑，只不過這個過程是透過巧取豪奪、威脅利誘，一路血跡斑斑、人頭落地。因此，兩相比較，在運用資源上，市場裡的自願性交易顯然是比較和平和文明的方式。

對於法政學者而言，至少有兩點重要的啟示。首先，官兵變盜匪的事情本身，並不是關鍵所在；關鍵所在，是一旦官兵變成盜匪，有沒有適當的機制能處理這些事件。特別是當犯錯的人層級愈來愈高時，處理一般扒手混混的司法，還能不能「刑上大夫」？舉目環宇、放眼古今，試問歷史上已經出現過多少次的「水門事件」？（以不法的手段，監聽政敵的房舍、車輛、船艦等等。）但是，有幾個社會的司法機制會處理這些事件，甚至讓國家元首下台？

其次，處理一般雞鳴狗盜之徒的機制，所需要的條件比較簡單；而處理位高權重者違法行為的機制，通常要複雜困難得多。那麼，在哪些情形下、透過哪一種軌跡，可以由前者慢慢雕塑出後者？有沒有明確可行的途徑，或是滴水穿石的著力點？對法政學者而言，這些問題可都是引人深思的挑戰。

這個警察捉小偷的故事，真是緊張刺激。不過，自己最好是旁觀者，而不是那些當事人，或是當事人的親戚朋友。

在華人文化裡，有「刑不上大夫」的觀念；這個觀念和作法的正面意義，當然值得探討。不過，尼克森的水門案件，也透露出許多引人深思的問題。

經濟分析的本質

雖然經濟學者在法學裡的耕耘已經有一段歲月，可是對絕大部分的法律學者而言，依然是「經濟學於我何有哉」。要搭建起經濟學和法學之間的橋梁，法律學者顯然必須清楚的知道：對他們而言，經濟分析到底是什麼？

雖然這個問題是問法律學者，但是經濟學者可能反而比較適合提出答案。而且，就性質而言，經濟學主要是一種分析社會現象的特殊角度，和數學或方程式沒有必然的關聯。因此，這個問題換一種問法，是：對法學研究而言，經濟分析的主要慧見為何？當然，這個問題也隱含著，對於政治學或社會學而言，經濟分析可能意味著不同的慧見。譬如，對政治學而言，競爭（competition）是一個很重要的概念。因此，在法學研究的憲法理論裡，競爭和三權分立的制衡概念，有密切的關係。

關於這個問題，我可以先舉出兩個參考點。首先，蒲士納在他的名著《法律的經濟分析》（*Economic Analysis of Law*）一開始，就歸結出經濟分析的三大基本原則：第一，是價格和數量反方向變動的「需求法則」；當然，價格不一定是指金錢貨幣，而可以是抽象的價格。第二，是機會成本的概念。第三，是在沒有因素干擾的情形下，資源會流向價值最高的使用途徑。其次，在《一以貫之經濟學》（*Economics in One Lesson*）這本書裡，何慈利（Henry Hazlitt）總結經濟學的精神：一個好的經濟學者，不只注意短期，也會注意長期；不只考慮局部，也會考慮全面；不只關心直接影響，也會關心間接影響。

相形之下，我認爲，經濟分析可以提供給法律學者三個重要的觀念，而這三個觀念，都可以藉「若A則B」來闡釋。

第一，法律的目的，是處理人的行爲所衍生的問題。在經濟學者的眼裡，人的行爲具有相當的「規律性」（regularity）。而且，這種規律性是「若A則B」般的簡潔明確、容易掌握。如果規律性是「若A，則或B或C或D或E」，或是「若A或若B或若C或若D，則E」，那麼在邏輯上來說，依然符合某種規律性；可是，對一般人來說，這種規律性過於複雜或模糊，所以在思維或行爲取捨上的助益不大。當然，這並不表示，人的行爲沒有例外或不會改變；重點在於，人的行爲不像是喝醉酒的醉漢、走路顚三倒四（random walk），而是約略符合「若A則B」的規律。並且，這種行爲上所顯現出的規律，不只和市場或經濟活動有關，而是人的其他活動裡也無所不在。事實上，有些經濟學者認爲，人類之外，在其他動物的行爲裡，也可以發現有類似的規律性。試想，如果法律所面對的是醉漢般的行爲，法律所能發揮的作用將極其有限。

具體而言，規律性可以約略分成三個層次：最基本的，是個人層次（individual level）上的規律性，譬如，若罰鍰增加，則少超速。其次，最上層的，是總體（macro level）或社會層次上的規律性，譬如，若貨幣發行量過大，則容易有通貨膨脹。最後，是介於這兩者之間的，可以稱爲中層（middle level）的規律性。和另外兩種層次的規律性相反，中層的規律性反而比較模糊、比較難掌握。譬如，若社區的居民由五百人變爲一千人，則社區會變得更整潔或更髒亂？因爲人數增加後，行爲的加總可能導致很多結果，因此不一定有非常明確的規律性。

第二，若A則B的規律性，反映的是一種條件式的思維和判斷（conditional statement），而且有兩種意義。一方面，「若A」本身就表示一種條件，「則B」是在A成立的條件下會出現的狀態；因此，這是一種條件式的命題。另一方面，「若A則B」成立，隱含著其他的條件沒有發生變化；如果其他條件發生變化，那麼「若A則B」可能變成「若A則C」。因此，「若A則B」是在某種前提成立的條件下，才會成立。

無論是基層、中層或總體層次上的規律性，都是在某些條件的支持之下才成立。因此，對於經濟學者來說，除了注意規律性本身，還必須掌握更多的資訊。一方面，他們希望知道，在哪些條件的支持下，規律性才會成立。另一方面，他們也希望了解，當這些條件發生變化時，原先的規律性會受到哪些影響。寇斯在一九九二年得到諾貝爾獎時，於得獎致詞裡一再強調，經濟活動是在某種制度環境（institutional structure）裡進行，因此經濟活動所呈現的規律性，就是在特定前提成立的條件下，才會成立。

第三，是關於「若A則B」的內涵。前面兩點，似乎都是反映在抽象的符號之間彼此的關係，不過更重要的，是由探討人的行爲裡，經濟學得到許多體會。這些體會，就充塡了前兩點的內涵；譬如，蒲氏所強調的「若價格上升，則需求下降」，以及「若沒有干擾因素，則資源流向價值最高的使用途徑」，就是「若A則B」這個符號關係下的實質內涵。

具體而言，經濟學者在分析人的行爲時，不是只把焦點放在單獨的個人身上，而是一直保持一種體系或系統（system or structure）的觀點。這個體系或系統有兩個維度：時間和空間。在空間上，每一個人的行爲，都直接間接的影響其他人，也直接間接的受其他人行爲的影響。在時間上，現在的行爲受到過去演化經驗的影響，也會受未來的影響（前面提到重複賽局的觀念）。空間的因素，呼應何慈利所強調的，直接或間接以及局部或全面的考量；時間的因素，則是他所強調短期或長期的考慮。

在傳統法學的論述裡，也有「若A則B」的邏輯，不過通常是「若採取作者的論點，則正義將得到伸張」。可是，是哪些條件支持這種結論，條件改變之後結論會不會受影響等等，卻經常付諸闕如。相形之下，經濟分析所意味的「若A則B」，則是對問題作較完整的探討，包括在描述、預測和建議（describe, predict, prescribe）這三方面。對於所觀察到的現象，經濟學者會嘗試解釋：在哪些條件下，會得到這種結果；主要的決定因素，是哪一個或哪幾個。當環境裡的條件發生變化時，我們所關心的焦點會朝哪一個方向發展。如果希望追求某種目標（包括公平正義這種價值），採取哪一種或哪幾種手段比較好。而且，雖然探討的是眼前的問題，不過在經濟學者的腦海裡，卻總是會聯想到：是哪些因素引發了這個問題？環境裡支持的條件是哪些？如果採取不同的手段，會引發哪些後果？手裡是不是有足夠的資源來影響相關的條件？

總結一下，對法律學者來說，經濟分析的精髓可以藉著「若A則B」來表示。「若A則B」反映了在人類行爲和社會現象裡，隱含了某些規律性；至於這些規律性的實質內容，則是由人類所經歷演化過程的經驗所充塡。下面的故事，希望進一步探索經濟分析較抽象的內涵。

經濟分析的深層意義

在經濟學者裡，有幾位是公認不會得諾貝爾獎的「智者」；蓋爾布萊茲（J. K. Galbraith）和海伯納（R. Heilbroner），是其中最著名的兩位。

蓋氏曾任美國經濟學會會長、甘迺迪總統顧問、美國駐印度大使，著作等身，他的暢銷名著《富裕的社會》（*The Affluent Society*）和《新工業國家》（*The New Industrial State*）等書，對於工業化帶來的衝擊，提出發人深省的分析。

蓋氏博學深思，文字優美，一生著述不輟，可惜經濟學者們普遍認為，他註定和諾貝爾獎無緣。主要的原因，是雖然他見解過人、令人敬佩，可是他的學養自成一格，別人無從學起。因為無從學起，他對經濟學發展的貢獻，就很難作恰如其分的評估。

在某種意義上，紐約新社會科學院的台柱海伯納教授，和蓋氏各擅勝場、彼此輝映，有同樣的成就，但是也有同樣的弱點。事實上，和蓋氏相比，海氏學識的淵博浩瀚，可能要有過之而無不及。他的名著《世俗哲人》（*The Worldly Philosophers*）和《資本主義的性質和邏輯》（*The Nature and Logic of Capitalism*），前者跨越經濟學，後者貫穿古今，兩本書都一版再版，還被譯成多國文字，風行全球。

即使是一本不起眼的小書，《二十一世紀資本主義》（*21st Century Capitalism*），海氏都見人所未見，展現他博古通今的才情。

在書裡，他擴充早先的論點，把人類歷史分為三個階段：最早是「傳統」（Tradition）的生活型態，人們打獵狩獲，一切以傳統為依歸。在這個階段裡的人們，生活被大自然的力量所支配，宿命般的反覆又反覆。接著，是「統御」（Command）的社會。藉著神權或武力，或兩者的結合，在少數人主導下，建構起封建式的組織；一方面聚集社會裡的財富，一方面追求他們所認定的目標。生活在這個階段裡的人們，對未來有一種不確定性，卻不知道是變好或變壞。

最後，是十八世紀工業革命所揭開的序幕。由蒸汽機、汽船、火車以降的一連串發明，使人類社會踏上變動和成長的軌跡。在這個階段裡，人們對未來有所期待。人們期望未來會和過去不一樣，而且會變得更好。而所有的一切，都是環繞著「市場」發生。

能把人類歷史大開大闔的分為三段，再論述各個階段裡的特徵，再歸納出各階段裡人們的心情和視野。這種學術上的氣魄和器識，是先天才情和後天博學的結晶；在方法論上難以言喻，其他的學者當然也就難以為繼。

和海氏及蓋氏「大哉問」的治學方法相比，諾貝爾獎得主寇斯的分析方法要淺顯得多。他在一九三七年發表的論文〈廠商的本質〉（The Nature of the Firm），公認是「產業組織」（industrial organization）的奠基之作，也是他得獎的兩大原因之一。在這篇文章裡，寇斯問的問題很簡單：「為什麼會有廠商？」

利用市場，企業家能在市場裡取得所需要的人力、機器、原料，完成整個生產過程；那麼，企業家何必要自己組成企業，再僱用或購買人力機器原料等，再由企業來組合這些生產資源，完成生產的過程？寇斯的答案很簡單：因為利用市場也有成本（這是「交易成本」這個概念的濫觴），所以企業家會自己估量，選擇對自己最有利的方式。如果利用市場比由自己來有效（譬如，採取外包、和協力廠商合作的作法），就毋須自己費神；相反的，如果自己統籌比依賴市場好（譬如，大公司有自己的醫務室），就由自己來發揮。

寇斯的分析，平實深入的反映了「選擇」（choice）的重要。而且，不只企業家要作選擇，人也無時不刻的在作各種取捨。選擇的概念，精確傳神的表達了經濟分析的重點所在。因此，在很多經濟學原理的書裡，都把經濟學定義為「研究選擇的科學」（a science of choice），可以說是有以致之。

不過，如果把海伯納的歷史視野和寇斯的慧見結合，更能發掘出經濟分析的深層意義。就研究主題來說，經濟學所探討的重點，就是生產消費儲蓄、貨幣利率就業等等問題。而在分析方法上，經濟學所採取的基本架構，是一般人都能朗朗上口的「理性選擇」（rational choice framework）。

理性選擇，是指人憑著自己所擁有的資源，在面對環境裡的條件和限制下，根據自己的自由意志，選擇對自己最有利的舉止。在「傳統」的社會裡，人只要遵循風俗習慣，毋須作選擇；在「統御」的社會裡，人必須在封建體系的階層結構裡，順服的扮好自己的角色，而無從作選擇。因此，只有當社會演進到以「市場」為活動重心時，人才享有「理性選擇」的機會和權利；而理性選擇的架構，也才有自然貼切的解釋力。

追根究柢，理性選擇的核心觀念，就是寇斯在《廠商的本質》裡所提出、企業家所面對的情境：利用市場或組成廠商？抽象的來看，理性選擇隱含一種「比較」的過程。而在作比較時，人總是有意無意的、直接間接的，找一些相關的參考座標，作為比較的基準點。

因此，企業家是以市場為基準點，考慮組成廠商是否更為有利；父母在考慮小朋友的教育時，是以公立學校為基準點，再評估上私立學校的優劣；單身貴族斟酌再三的，是相對於單身這個基準點，結婚的利弊為何。理性選擇隱含比較，而比較則意味著運用基準點和參考座標。提升理性選擇的品質，當然也就意味著：人們值得有意識的思索，自己選擇時所依恃的是哪些基準點和參考座標？為什麼是這些基準點和參考座標，而不是其他？

這麼看來，經濟分析的深層意義，就是在「市場」所主導的社會裡，提供了一種簡潔、明確、一以貫之的思維模式。一方面，可以幫助人們面對變動不居的環境；另一方面，也可以作為人們在舉止進退上、安身立命的基礎。

事實上，無論是蓋爾布萊茲、海伯納、寇斯，或其他許許多多的經濟學者，他們所一直努力嘗試的，都是一樣；也就是由不同的角度，把經濟分析所隱含平實簡單的智慧結晶帶給一般社會大眾！

結語

在這一章裡，我嘗試勾勒出經濟分析的深層內涵。在內容上，有兩個重點。首先，我描述經濟學者，是以市場裡平凡無奇的交易爲研究對象；相形之下，法律學者，則是以各種官司爲研究上主要的材料。在性質上，這兩種材料當然有很多差別。其次，我以「若A則B」的關係，代表經濟分析的主要內涵。若A則B，是一種條件式的判斷；而判斷的內容和邏輯，則是由人類活動裡歸納而得。

當然，經濟學者對法學的探討，希望不只能使法學的內涵更豐盛，探討「經濟分析到底是什麼？」這個問題，同時也讓經濟學者有反省咀嚼的機會。對經濟學者而言，他們必須能找到可以說服自己、也可以說服別人的答案！

相關文獻：

1. Coase, Ronald H. "The Nature of the Firm," *Economica*, 4(n.s.), pp. 386-405, 1937.
2. ---------. "The Institutional Structure of Production: 1991 Alfred Nobel Memorial Prize Lecture in Economic Sciences," *American Economic Review*, 824, pp. 713-19, 1992.
3. Galbraith, John Kenneth. *The Affluent Society*, Boston: Houghton Mifflin, 1960.
4. ---------. *The New Industrial State*, Boston: Houghton Mifflin, 1985.
5. Hazlitt, Henry. *Economics in One Lesson*, New York: Pocket Books, 1948.
6. Heilbroner, Robert L. *The Worldly Philosophers: the Lives, Times, and Ideas of the Great Economic Thinkers*, New York: Simon and Schuster, 1980.
7. ---------. *The Nature and Logic of Capitalism*, New York: Norton, 1985.
8. ---------. 21*st Century Capitalism*, New York: Norton, 1993.
9. Posner, Richard A. *Economic Analysis of Law*, 5th ed., New York: Aspen Law & Business, 1998

【第八章】

仇人眼中長刺蝟

——法學裡的外部問題

前言

在魯濱遜的世界裡，有經濟問題，但是沒有法律問題。因爲，雖然魯濱遜要面對生產、消費、儲蓄等等問題，可是他毋須擔心偷搶殺砍等等麻煩。

當星期五出現之後，兩個人之間的關係變得微妙而有趣。他們可能會彼此干擾，但是也可能互惠合作。干擾，是侵權（tort）的問題；合作，是契約（contract）的範圍。因此，只有在人的社會（human society）裡，才會出現法律問題；而且，重點是「社會」這兩個字。如果世界是由一個個的魯濱遜所組成，也不會有法律問題。

在魯濱遜和星期五的世界中，他們的行爲會「彼此影響」；以經濟學的專有名詞來說，他們的行爲有「外部性」（externality）——這個名詞平凡無奇，卻是法學的關鍵所在。在這一章裡，我將以「外部性」這個概念爲主軸，闡釋各種法律問題的意義。也就是，在性質上，我希望利用「外部性」一以貫法學之。

外部性的意義

在任何經濟學大辭典裡，「外部性」都是重要的一項；而且，幾乎毫無例外，寇斯和皮古（A. C. Pigou）這兩位的名字，都會出現在說明裡。不過，無論辭典裡怎麼定義外部性，比較好的方式，是先設想一些活生生的事例：

· 小趙在廚房裡煎魚，香味四溢，整個街坊都知道小趙家晚上加菜。
· 小錢上街去買鞋，和老闆討價還價不成，後來到隔壁的鞋店買了一雙。
· 孫小姐和男友訂了婚，十天之後遇上真正的白馬王子，決定去彼取此。
· 李先生把房子賣給某甲，十天之後某乙出了更好的價格，因而陷入天人交戰。
· 張小姐穿了件新衣上班，男同事們都讚不絕口，女同事們都語中帶刺。
· 麥當勞進入台灣市場之後，傳統餐飲業的服務態度和衛生條件，都有顯著的改善。
· 小吃店經常被偷，老闆在冰箱裡放了幾罐飲料，裡面裝的是農藥，小偷的朋友喝了其中一罐，中毒而死。
· 廟會進香團的一位香客，隨手丟了一串鞭炮，剛好掉進路邊的一部轎車，駕駛受驚，轎車失控，撞進進香團，造成死傷。

在本質上，這些事例與魯濱遜和星期五的故事一樣，都是牽涉到一個人以上、行爲之間發生互動或影響。因此，外部性的概念，可以簡單的定義爲「一個人的行爲、對其他人造成的影響」。當然，一件事對其他人造成的影響，也是外部性。

上面的事例，都符合這個簡單的定義。不過，由這些大小事例裡，還可以比較具體的歸納出一些外部性的內涵。首先，很明顯的，外部性是個中性的概念，因爲外部性可正可負。同樣是煎魚的香味，有人趨之若鶩，有人避之唯恐不及；還有，情人眼中出西施，仇人眼裡長刺蝟。其次，在人的社會裡，外部性幾乎無所不在。一個人的行爲，或大或小、或直接或間接，都可能對其他人造成影響。既然外部性有大有小、有好有壞，那麼外部性和法律有什麼關係呢？

在回答這個關鍵性的問題之前，不妨先回顧一下外部性這個概念的歷史。由這段歷史裡，可以進一步體會外部性的意義，也可以琢磨外部性和法律的關聯。

皮古和寇斯

英國在十八世紀工業革命之後，工廠林立，就業機會大增，各種工業產品也大量湧入市場，徹底改變了人類的生活型態。

不過，工廠帶來的噪音、黑煙、汙水，也對環境和居民造成傷害。然而，這些工廠卻毋須爲噪音、黑煙、汙水負責；在他們產品的價格裡，只包含了工資、原料、資本、廠房設備等等的支出，卻不包含噪音、黑煙、汙水等成本。因此，這些產品的眞實成本，其實包含兩項：一種是工資等，這是由廠方所支付；另一種是噪音等，這是由居民所承擔。由廠方所支付的，是私人成本（private costs）；由居民所承擔的，是外部成本（external costs）。兩種成本的總和，是社會成本（social cost）。在社會成本和私人成本之間，顯然有一落差（gap）。

皮古是十九世紀英國的經濟學者，他在經典名作《福利經濟學》（*The Economics of Welfare*）這本書裡，就想出了處理外部成本的妙方。既然工廠產生了外部成本，因此政府可以介入，以課稅的方式，讓稅負剛好等於外部成本。這麼一來，工廠除了支付私人成本，還要承擔外部成本，兩者的和，正好是社會成本。因此，工廠從事經濟活動的成本，能完完整整的由工廠自己承擔。這眞是個好辦法，也一直爲歷代的經濟學者奉爲圭臬。

事實上，不僅經濟學者接受皮古的思維，一般民眾也多半附和響應。每當社會發生不幸事件（學童營養午餐中毒、遊覽車意外翻覆），輿論總是希望政府出面處理。可是，這種幾乎是人同此心、心同此理的立場和想法，站得住腳嗎？

寇斯認爲，未必站得住腳。他在一九六〇年發表的論文，題目就標明挑戰皮古的想法：「社會成本的問題」（The Problem of Social Cost）。寇斯對皮古的批評，可以分成技術性質疑和本質上的臧否。在技術上，寇斯認爲，政府對外部成本課稅，看起來似乎解決了問題，但是政府取得稅收，居民還是繼續承擔噪音、黑煙、汙水。而且，政府是行動遲緩的老大哥，而不是無所不在的上帝；政府怎麼可能有能力，可以精確衡量萬千家工廠的千百種外部成本？因此，賦予政府全知全能的責任，是天方夜譚、是作夢。（This is the stuff that dreams are made of.）

在更根本的層次上，寇斯提出許多發人深省的觀察。他指出，一樁行爲的施與受雙方，其實互爲因果。譬如，說工廠的汙水影響了居民，表示工廠是因、居民是果。可是，這個現象，也可以說是居民的存在，才使汙水成爲問題；居民是因，工廠才是果。因此，釐清責任和判斷是非，需要仔細斟酌。

寇斯也指出，由整個社會的角度來看，在生產過程中，工廠產生噪音、黑煙、汙水，其實是正常經濟活動的一部分；就像汽車在行駛時會排出廢氣，火車經過會帶來震動和聲響一樣。這些伴隨著正常活動而來的各種因素，都是體系裡自然而然的一部分；因此，並沒有所謂的「外部效果」（external effect）或外部性可言。問題的關鍵，是如何界定財產權；然後，讓權益受影響的人之間，自己去協商交易，找出解決的辦法。譬如，如果火車有權一路發出震天價響的聲音，附近的居民可以搬走，或者和鐵路公司談判協商。如果居民有權不受干擾，鐵路公司就必須加裝滅音設備，或向附近民眾買得我行我素的權利。只要權利界定清楚，當事人會自己找到因應之道，沒有所謂外部或內部的問題。而且，既然當事人可以自己解決，政府也就毋須出面介入。

寇斯的論點，不只指出皮古的盲點，對於思索外部性問題，也很有啓發性。在面對外部性時，不能只把注意的焦點放在片面或單向，而値得從廣泛、全面、整體的角度，作較完整的認知和評估。

當然，寇斯的思維，也有改進增益的空間。站在巨人的肩膀上，可以瞭望更開闊的天地。在寇斯的世界裡，權利的界定似乎是黑白分明、非楊即墨；可是，在眞實的世界裡，權利的界定，往往受到過去經驗和現有條件的限制，不能作一刀兩斷式的切割。譬如，寇斯認爲，或者火車有路權，或者居民有享受安寧的權利。可是，實際的情況，通常是雙方各擁有某些權利——白天火車的班次不受限制，但是深夜以後卻只能有兩班夜車。這種權利結構，本身就是雙方互動的結果，而不一定是由更高層次的權威來界定。

還有，在寇斯的世界裡，汙水噪音黑煙等，是正常經濟活動的一部分，而不是體系之外的因素；可是，在眞實的世界裡，經濟活動像是一場多回合的球賽，這一回合的過程和結果，會影響到下一回合的取捨。如果工廠有權排放汙水，可能就沒有誘因購買過濾汙水的設備，相關的廠商和產業，也可能因此而無從發展。相反的，如果工廠無權排放汙水，可能會裝設過濾設施，相關的產業得以發展。演化的結果，汙水可能從此不再是問題，也不再是體系裡必然有的一部分。

也許，就是因爲這些理由和其他的考慮，「外部性」依然是經濟學家朗朗上口的專有名詞；而在經濟學裡，如何處理外部性問題，依然是經濟學者們殫精竭慮所在！

由外部性到法律

對於外部性，前面曾經作了很簡單的定義：一個人的行爲、對其他人造成了影響。根據這個定義，前面也指出，外部性有正有負，而且外部性幾乎無所不在。基於這種了解，由外部性過渡到法律，可以說是直截了當、一蹴可幾。

一言以蔽之，法律所處理的問題，就是外部性為負，而且嚴重的情況。殺人、傷人、偷、搶、詐、騙，都是最直接、俯首可拾的例子；在這些例子裡，一個人的行為，對其他人造成很不好的影響。如果不處理這些情況，社會將有如都市叢林，或者永無寧日、惡性循環，或者分崩離析、無以為繼。不過，這些都是一目了然、毫無爭議的情形；要體會外部性和法律的關聯，不妨想些比較模糊隱晦的情況。

幾年前，台灣有兩個國小高年級的小朋友，一男一女，利用午休時間，在保健室裡初（？）試雲雨。師長發現、媒體報導之後，引起廣泛的討論。絕大多數人的反應都是，兩小無猜的行為不足取。可是，如果進一步問：兩小無猜錯在哪裡？對於這個問題，相信很多人未必能有理直壯的說詞。

由外部性的角度來看，兩小無猜行為的意義，就清楚得多。除了心理不成熟、資訊不充分等冠冕堂皇的理由，問題的關鍵，其實是兩小無猜的行為對其他人造成的影響。萬一，他們雲雨之後造成懷孕，生下小小孩；既然本身沒有照養撫育的能力，只好由雙方的家長來承擔後果。可是，有多少家長在自顧不暇之外，還願意接下這種天外飛來的負荷。因此，兩小無猜的行為，對別人造成（負的）外部性太大，社會大眾自然會動用道德、輿論、乃至於法律等手段，希望能避免這種外部性。

在美國，有很多中等學校裡，設有自動販賣機，提供保險套等避孕材料。原因無他，因為師長家長們已經學到教訓：與其威脅利誘自己的子女不要有性行爲，不如避輕就重；不處理性行爲的問題本身，但是設法預防性行爲帶來更大的麻煩。也就是，針對外部性來處理。

其次，在成文法的社會裡，民法裡對於契約大多有類似的規定：契約以當事人雙方自願爲原則，但以不違反社會的公序良俗爲限。這個規定，其實就是兩小無猜事件的本質。如果某種契約是出於當事人自願，但是違反了公序良俗，就表示對其他人造成負的、而且是過大的外部性。一般社會禁止賣身爲奴，是個具體的例子。

根據當事人訂約自由，只要是出於自願，賣身爲奴並沒有什麼不對。但是，如果法律容許賣身爲奴，等於是讓每個人身上多了一張空白支票。當自己負債累累、無法償還時，可以把自己賣掉；賣身爲奴，變成生存的最後手段（the last resort）。可是，這種權利，卻會誘使一些意志不堅的人，沉迷和陷身於賭博、吸毒，或其他耗費大筆錢財的活動。對於社會上其他人和司法體系而言，必須承擔這些行爲的後果；對於大多數社會來說，這隱含了太大的、負的、社會大眾所不願意負荷的外部性。

當然，並不是所有大的、負的外部性，法律都會處理。當計程車出現之後，立刻對人力三輪車造成重大的影響；可是，在市場經濟裡，尊重競爭，即使競爭必然意味著有些人將是輸家。同樣的，如果有哪一個廠商開發出比可口可樂、百事可樂更好的飲料，讓這兩家公司關門大吉；這是很大的、負的外部性，可是法律不會處理。

然而，當有大的、負的外部性出現時，即使現有法律不處理，通常政治部門不會坐視不管。

民意代表會設法在民意機關裡提案，通過特定的法案；以特別的措施，照顧這些承擔負外部性的選民。由此可見，從外部性的角度著眼，不僅可以解釋法律，同時也可以分析政治領域裡的諸多現象。外部性這個概念的重要性，由此可見一斑。

下面這個故事，就具體的闡釋了外部性和法律的關聯。

最高指導原則

下午坐計程車去接小朋友回家時，眼光漫無目的看著路邊向後退去的招牌。突然，「華碩證券」的大字映入眼簾。印象裡，好像華碩電腦和這家證券公司正在打官司，而初審判決似乎是華碩電腦勝訴；在台灣用響叮噹的「華碩」這兩個字當招牌，證券公司好像有搭便車、侵犯公司名稱專用的嫌疑。

雖然我不太清楚相關的法條，也不明白法官裁決的依據，不過因為自己正在研究所裡教「法律經濟學」這門課，我就忍不住想試著從經濟分析的角度，思索一下這件官司的是非曲直。

我約略記得，公司法裡好像這麼規定：在同一行業和同一區域裡，某一種公司名稱只能為一家公司所使用。也就是，在台北市裡，不能有兩家西餐廳都用「星辰」這個名稱，除非是連鎖店。但是，在不同的行業或區域裡，不同的公司卻可以用同樣的公司名稱。因此，在「星辰西餐廳」的附近，可以有星辰漫畫店和星辰洗衣店等等。法律上這麼規定，顯然是為了避免在同一個區域裡，同行之間彼此混淆，對公司和顧客都不好。

可是，根據這種規定，「華碩電腦」和「華碩證券」是兩種性質截然不同的公司，同時並存似乎並不違反法律的規定。而且，如果在「華碩電腦」叱吒風雲之前，「華碩證券」就已經成立多年，就更沒有理由獨尊電腦而排黜其餘。

然而，如果華碩證券確實成立在後，而且確實有搭華碩盛名便車的可能，那麼，對於這個官司和類似的情形，如何說出一番合情合理的道理，並且能找出司法上可以依恃的準則呢？

由經濟分析的角度來看，規定不同行業可以用同樣的公司名稱（星辰西餐廳和星辰漫畫）合情合理。因為即使是同樣的名稱，但是產品區隔得很清楚，所以彼此在利益上不致於有重疊或衝突的地方。即使偶爾有同名之累，涉及的利益多半微不足道，因此沒有必要作特別的限制。

但是，這只是一般的情形。當某種商標具有普遍的知名度時，就須要作不同的考慮。譬如，雖然「麥當勞」只賣漢堡，但是顯然不應該容許其他公司用「麥當勞西餐」或「麥當勞服飾」來混淆視聽。原因其實很簡單，消費者可能誤認這是麥當勞的相關企業，因而有魚目混珠的效果。因此，利用麥當勞的知名度來賣西餐和服飾，業者就有不勞而獲的可能。所以，當華碩電腦變成家喻戶曉的商標之後，限制其他公司不能再用「華碩」的名號，確實合情合理。當然，如果華碩電腦行有餘力，開始涉足其他產業，自然順理成章的可以用「華碩」的招牌——這是華碩電腦耕耘的成果，而且人們會以對華碩電腦同樣的認知，來期待華碩的相關產業！

因此，歸納起來，法律上顯然採取了兩種原則：對於一般情形，星辰西餐和星辰漫畫可以比鄰而居；不過，對於可口可樂、麥當勞、華碩、誠品等等這些品牌，就值得限制其他人使用這些商標的權利，即使是在完全不相干的產業裡。

可是，抽象的來看，在這兩種原則的背後，其實有一個比較抽象、層次比較高的原則：法律上的規定，最好能促使（或誘發）更多的經濟活動，以增進社會的資源。而且，法律所允許或鼓勵的經濟活動，必須是有生產性的、對社會有正面貢獻的。因此，如果允許其他人開「麥當勞西餐」，一方面有人坐享其成、不勞而獲，另一方面會產生不好的示範效果。而且，對麥當勞而言，辛苦建立品牌卻讓別人享受果實，也會降低麥當勞本身的誘因。

其實，經濟分析所揭示的最高指導原則——法律的目的，在增進社會的資源——不只適用在規範經濟活動，也可以用來思索人類其他活動的戒律。仔細想想，為什麼法律要懲罰剽竊、偷盜、侵占、傷害等等行為呢？

對外部性的處理

由外部性的角度來思索法律問題，往往可以一以貫之；而且，對於很多現象或作法，都有豁然開朗的啓發。

在成文法的國家裡，通常把實體法分爲兩大類：公法和私法。對於這種劃分方式，一般的解釋，是私法主要處理私人之間的糾紛；而公法，則主要是處理和公眾有關的問題。由外部性來看，當外部性小時，就由私法來處理；當外部性大時，就由公法來伺候。因此，一個投資人被騙，是由私法來處理；可是，如果有一群投資人被騙，就不再是一加一等於二，而是一加一大於二。民眾的生計心理、金融秩序，都隱含較大的外部性，所以由公法來處理。

此外，言論自由的權利，普遍的受到各法治國家的保障；可是，言論自由還是有其界限。關於言論自由的界限，美國著名大法官荷姆斯曾提出「明顯而立即的危險」（clear and present danger）這個法原則。因此，不可以在戲院裡大叫「失火了」，可是可以在海德公園裡大聲宣稱「外星人將攻擊倫敦」。由外部性的角度看，言論自由的界限，還是在於言論所造成的外部性大小。譬如，就文字圖片而言，通常是由讀者個別接觸，而且在行爲反應上較遲緩，所以外部性較小。可是，言語的對象可能是群眾，而且可能立刻引發行爲反應，所以外部性較大。外部性較大，當然值得愼重處理，採取較多的限制。

由上面的兩點觀察裡，可以推論出處理外部性的原則和方式。處理外部性的原則，其實很簡單：殺雞用雞刀，割牛用牛刃。也就是說，大的外部性，採取大工具；小的外部性，動用小手段。根據這個簡單自明、平實合理的原則，處理外部性的方式，可以看成是一道光譜。由左到右，並由小到大、由鬆到緊、由私到公。

對於小的外部性（講話太興奮，口水飛到別人臉上；皮鞋沾了狗屎，走進辦公室），可能只是皺個眉頭，或是一個不快的眼神。對於較大的外部性（借錢不還、搬弄是非、徹夜喧鬧），可能開始動用街頭巷議；利用一般人所認同的風俗習慣，發揮輿論制裁。對於更大的外部性（偷、搶、騙、詐），私領域裡的制裁手段已經無能為力，只好訴諸公部門的法律。而在法律的領域裡，由小到大，可以進一步的分成行政命令、法律、一般法令、特別法、憲法等；不同的層次，隱含不同程度的外部性。再精細一點，由罰款、到拘役、有期徒刑、無期徒刑、死刑，懲罰的輕重，也正呼應了犯的過錯所隱含外部性的大小。目前在民事官司裡（譬如車輛設計不良，導致意外傷殘），除了民事的損害賠償，法院往往裁定被告要支付「懲罰性賠償」（punitive damages），目的就是希望產生宣示效果，遏止其他廠商推出設計不佳的產品，影響廣大的消費者。在外部性小的民事糾紛裡，就沒有必要裁定「懲罰性賠償」。

當然，同一樁行為的外部性，可能會隨時空條件的變遷而改變；處理的方式，也就值得與時俱進。最明顯的例子，是婚外情的問題。在農業社會裡，各個村落社區都是一個相對封閉的體系。一旦有婚外情，對於當事人、當事人的配偶、子女、親戚，都帶來很大的困擾。也就是，在這個相對封閉的體系裡，婚外情產生很大的外部性。因此，寓禁於罰；對婚外情，以刑法來處理。

在現代工商業社會裡，特別是都會區的生活型態，基本上是一個開放、流動性高的環境；而且，現代人生活的隱私性增加，前後左右的鄰居，可能久久才碰面一次。因此，婚外情不容易被發現，即使被發現，對整個體系帶來的衝擊也非常有限。也就是，在工商業社會、都會區裡，婚外情的外部性變小；外部性變小，自然可以較寬鬆的方式來處理。在許多法治社會裡，婚外情不再由刑法，而是改由民法來處理，眞是有以致之。

總結一下，由外部性的角度，可以解釋法律的結構及內容。外部性愈大的行爲，用愈凝重的手段來處理；不過，外部性的大小，是受到環境裡相關條件的影響。下面的故事，是由另外一個角度，闡明處理外部性的方式。

法律的軌跡

對於魯濱遜的故事，經濟學者往往津津樂道。在魯濱遜的世界裡，有生產、消費、儲蓄的問題；當星期五出現之後，就可以處理交換、分工、專業化的課題。因此，利用魯濱遜和星期五，重要的經濟學概念，幾乎都可以一一闡明。

其實，不只是經濟學者情有獨鍾，對法律學者來說，魯濱遜的故事也含有許多啟示。

當魯濱遜一個人過日子時，為了生存，他要捕魚打獵。在這種情形下，除了維持健康，養成勤勞和節儉這些好習慣，是非常重要的。對他來說，早起的鳥才有蟲子吃、凡辛勤播種必歡欣收割；而為了雕塑勤勞節儉這些特質，他會自然而然的發展出一些配套措施。

譬如，如果因為自己偷懶，該捉到的兔子沒捉到，那麼他會有懊惱悔恨的情懷。如果因為多花了些心力預為之計，暴風雨來時他的小屋安然無恙，那麼他會有喜悅自許的感受。這些喜怒哀樂上的起伏，等於是支持了勤勞節儉的習性。因此，精確的說，在魯濱遜一個人的世界裡，也會有勤勞節儉克苦耐勞這些「道德」。道德，不是來自於四書五經的教誨或聖人哲王的開示，而是來自於物競天擇、適者生存的壓力！

星期五出現之後，兩個人的世界變得多彩多姿，但是也出現了一些新的問題。兩個人可以合作分工而互惠，可是如果有人賴皮摸魚呢？還有，兩個人相處，不可避免的會有摩擦爭執，怎麼辦呢？

經過摸索試煉、嘗試錯誤，兩個人會漸漸雕塑出私領域和公領域的範圍，然後慢慢找出能夠和平共存的自處之道。更精確的說，一方面每個人會自我設限，尊重另外那個人的活動空間；譬如，別人睡覺時，自己動作輕些。另一方面，兩個人會共同遵守一些遊戲規則；譬如，迎面而來時，走路靠左走。

雖然這兩者不容易明確劃分，但是在輪廓上還是大致清楚：由每個人自己來操作的，是道德；由兩個人共同運作的，是規則（法律）。法律，不是來自於司法女神的指引，而是來自於人際相處時的實際需要！

對經濟學者來說，星期五出現之後，經濟學的故事很快就將結束；可是，對法律學者來說，星期五出現之後，法律的故事才剛剛開始。

雖然在魯濱遜和星期五的世界裡，也有遊戲規則，可是這套遊戲規則非常簡單，而且是由這兩個人自己來操作。魯濱遜和星期五，既是球員，又是裁判。當社會上有成千上萬個魯濱遜和星期五的時候，才會有專任的裁判——因為資源夠多，才負擔得了專業的警察、法官，和其他的執法人員。而且，在這種社會裡，道德和法律的關係，又演變為另外一種模樣。

在一個正常的社會裡，道德和法律等於兩種工具，可以用來處理各種人際相處時踰矩的行為。不過，聰明的人（現代的魯濱遜和星期五們），已經悄悄的賦予道德和法律不同的任務。

簡單的說，對於所有的「小是小非」，法律不處理，而由道德來承擔責任。譬如，約好晚上八點在電影院門口碰面，一起看電影，結果等到九點半還不見人影。或者，在鬧區裡被高跟鞋踩到，痛得齜牙咧嘴。這些都是小是小非，由道德來處理，法律不管。

法律不管的原因有兩點：首先，是顯而易見的理由；如果這些雞毛蒜皮的小是小非，都要由法律來處理，成本太高。其次，小是小非由當事人處理，效果最好。因此，由被放鴿子的人和被高跟鞋踩到的人發出道德譴責，要比由法官遞出判決來得有效。

對於「中是中非」，法律和道德都發揮作用、互通有無。譬如，欺騙別人的金錢、感情、信任，超速撞傷行人，以暴力加諸親戚朋友乃至於陌生人，這些行為不但為道德所不容，同時也為法律所不許。這是因為「中是中非」所牽涉的得失比較大，所以道德的力量有時而窮，必須依賴法律的支持。相反的，有道德力量的約束，也可以減輕法律的負荷。因此，每一個人都像是兼職的警察、法官，發揮了一部分糾舉、裁決、懲罰的功能——「千夫所指，無疾而死」，其實有正面的意義！

對於「大是大非」，道德幫不上忙，只能靠法律。原因很清楚，因為大是大非牽涉的利益很可觀，道德已經無濟於事，只能求助於法律。譬如，上市公司的財務報表，攸關鉅額的金錢和許多人的權益。這時候，道德的作用很小，而不得不依恃法律。

因此，道德和法律，可以看成是兩條上下平行的光譜，而且各有左右兩段。道德的光譜，左半段處理小是小非，右半段處理中是中非；法律的光譜，左半段處理中是中非，右半段處理大是大非。兩條光譜重疊的部分是交集，也就是處理中是中非的部分。

以是非的大小來分辨法律和道德，很有啟發性；這是哈佛大學法學院的講座教授薛維爾在就任美國法律經濟學會會長、發表演講時，所提出的見解。加上魯濱遜和星期五的故事，剛好可以完整的描述法律和道德的演變過程。

當然，在一篇演講詞裡，所能處理的問題很有限；還有很多有趣的問題，值得作進一步的思索。譬如，兩道光譜的寬度，如何演化？兩道光譜的交集，又是如何變遷？

小是小非、中是中非、大是大非，顯然就是指外部性的大小。

抽象的思維

由外部性的概念出發，可以從一而終、一以貫之的闡釋法律；在分析方法上，可以把這種觀點和傳統法學的分析方法之間，作一些有趣的對照比較。

在法學裡，公平正義是最上位的概念；爲了實現公平正義，就發展出一些相關的思維。其中，水平公平和垂直公平，是大家耳熟能詳的概念。「水平公平」（horizontal equity），是指相同情況（相同行爲、相同罪狀）的人，應該受到相同的待遇；「垂直公平」（vertical equity），是指不同情況（不同行爲、不同罪狀）的人，應該受到不同的待遇。

在直覺上，這兩個概念簡單明瞭；可是，在實際的應用操作上，這兩個概念卻過於抽象、甚至空洞。譬如，同性戀的配偶，可不可以領養子女？由配偶的角度看，同性配偶和異性配偶，是處理「相同」的情況；可是，由性別組成上看，同性配偶和異性配偶，卻是處於「不同」的情況。因此，對於同性戀配偶可不可以領養子女的問題，根據水平公平或垂直公平，未必能得到明確的答案。

爲了能增加應用和操作的空間，在水平公平和垂直公平這兩個概念之外，法學裡還發展出「比例原則」（rule of proportionality）。在觀念上，比例原則和水平、垂直公平之間，似乎相近甚至相等；其實，不然。這些概念之間，有一點微妙的差別。比例原則，隱含著大小、輕重、高低、多少等等；也就是，隱含著在某個方向上的一種排序（ordering along a certain dimension）。根據這種方向上的排序，在思考問題上才有明確的著力點。可是，水平公平和垂直公平，卻沒有類似的明顯含義。

結合水平公平、垂直公平、比例原則這三個概念，就可以釐清法律的結構（民法、刑法）、法律的內容（行政命令、法律、憲法）、和處分的方式（刑法裡的罰金、拘役、有期徒刑、無期徒刑、死刑）。相形之下，外部性這一個概念，可以囊括水平公平、垂直公平和比例原則這三個概念；因爲，外部性本身就隱含一種大小的排序——外部性的大小。

因此，外部性的概念，不但有以簡馭繁的好處，而且容易和每個人的生活經驗產生聯想。外部性之作用，大矣哉！

結語

語言文字，都是工具，幫助人們溝通、紀錄；同樣的，各種分析性的概念（analytical concepts），也是工具，希望有助於闡明事理、解讀現象。

在這篇文章裡，我以「外部性」這個概念爲核心，嘗試一以貫之的解釋法律的各個面向。主要的體會，值得稍作回顧。首先，外部性有正有負；而且幾乎無所不在。其次，法律所處理的問題，往往就是大的、負的外部性。再其次，法律的規定，通常是雙面刃，在保障某些人權益（避免承擔負的外部性）的同時，也傷害其餘一些人的權益。還有，由外部性的角度，可以了解法律的結構、內容和處分方式。

當然，就像其他的分析性概念一樣，外部性這個概念的功能也有時而窮。在這一章開始時提到的一些事例裡，有些就不容易以外部性作明確的解釋。譬如，小偷的朋友中毒致死、駕駛因爲鞭炮受驚造成死傷，都和外部性有關；不過，由「因果關係」的角度來分析，可能更明確深入。

還有，經濟學對法學的影響，基本上也是外部性的問題；對於這種外部性，有沒有好的分析方式呢？

相關文獻：

1. Buchanan, J. M. "Rights, Efficiency, and Exchange: The Irrelevance of Transactions Cost," in James M. Buchanan, ed., *Liberty, Market and the State: Political Economy in the 1980s*, New York: New York University Press, 1986.
2. Coase, R. H. "The Problem of Social Cost," *Journal of Law and Economics*, Vol. 3, pp. 1-44, 1960.
3. Coase, R. H. *The Firm, the Market, and the Law*, Chicago: University of Chicago Press, 1988.

4. Dahlman, C. J. "The Problem of Externality," *Journal of Law and Economics*, Vol. 22, pp. 141-62, 1979.

5. Pigou, A.C. *The Economics of Welfare*, 4th ed., London: Macmillan & Co., 1932.

6. Shavell, S. "Law Versus Morality as Regulators of Conduct," *American Law and Economics Review*, Vol. 4, pp. 227-257, 2002.

【第九章】

無怨無悔的愛？

——法學裡的成本考量

前言

在推廣教育的課程裡，我曾經教過許多優秀的警官。對他們而言，經濟學是另一種語言；不過，一旦嫻熟之後，他們就沉浸其中、自得其樂。

有一位警官告訴我，過去碰到同仁為情所苦、想自殺，他總是苦口婆心，希望能挽回；可是，「上有高堂老母、下有稚齡子女」的說詞，似乎沒有作用。學了經濟學之後，他再遇上類似的情景，就換了一套說詞：「你自殺之後，如果她真的回心轉意，你已經死了；如果她無動於衷、甚至如釋重負，你不是白死？自殺值不值得，你自己可要想清楚！」據他說，這番說詞的效果，要比以前好得多。雖然他沒有用「成本」這兩個字，不過他論點所在，就是要聽的人想清楚：對自己而言，自殺真正的成本是什麼。

在法學裡，如果要法律學者提出一個最重要的概念，「正義」（justice）大概是不二的選擇；在經濟學裡，如果要經濟學者舉出一個最重要的概念，大部分經濟學者大概會選「成本」。正義和成本，看起來似乎是相隔遙遠、截然不同；不過，在這篇文章裡，我將嘗試說明，成本這個概念對法學其實非常重要。

成本的幾個面向

每一個學科，其實可以看成是一座金字塔。金字塔的最底層，是這個學科所處理的具體問題；中層，是相關的各種理論；最上層，是核心的一些概念。

在經濟學的金字塔裡，「成本」是頂尖的那少數幾個石塊之一。既然如此，由金字塔的基底開始，從不同的面向往上攀爬，最後都會抵達頂尖。換句話說，由不同的面向出發，都可以歸納出「成本」這個核心觀念；當然，由不同的面向著手，也可以體會到成本不同的樣貌（configurations）。

雕塑理性和自利

在經濟學者的眼裡，人具有「理性」和「自利」這兩個特質；可是，很少有人進一步追問：人有多少的理性和自利？

要回答這個問題，不妨想一想理性自利所隱含的成本。對每個人來說，照顧好自己的福祉，通常最簡單，也就是成本最低。一旦要開始照顧其他人的福祉，除了有形的物質付出，往往還要耗費無形的心力；因此，成本較高。因爲每個人的負荷能力有限，所以通常先照顧自己的福祉，行有餘力，再照顧其他人的福祉。譬如，爲人父母，多半是先照顧好自己的小孩，再幼吾幼以及人之幼。也就是說，人的「自利」，也受到成本的影響；人會以成本較低的方式，來運作「自利」這個特質。

關於「理性」，也是一樣。在生活裡，人要面對很多不同的情境；有些無日無之，有些偶爾出現，有些十年八年碰不到一次。對於常出現的，一般人顯然能駕輕就熟；對於十年八年才碰上一次的，人顯然沒有意願、也沒有能力先作好充分的準備，好在萬一出現時能從容以對。換一種說法，對於經常出現的情境，人的理性思維能力較強；對於偶爾出現的狀況，人儲存的資料庫有限，思維的精緻程度較低。因此，以這種方式來運作「理性」和面對環境，成本較低。生物體能以較低的成本存活，生存繁衍的機會顯然相對的提高。

諾貝爾獎得主賽門，曾提出「有限理性」（bounded rationality）的概念；他認爲，一般人的思維，不會像圍棋高手般的能推想一、二十步。另一位諾貝爾獎得主布坎楠則是更進一步，巧妙的把賽門的概念引申爲「理性（選擇）下的有限理性」（rationally bounded rationality）——聰明的人，會選擇自己要具有哪些理性、又各要有多少。而背後的驅動力，就是「成本」的考量！

主觀和客觀的成本

成本這個概念，在經濟分析裡極其重要；歷來的經濟學者，也提出很多精湛的分析。

對於成本最粗淺的解釋，當然是「口袋裡掏出的錢」。因此，買一份報紙的成本，是新台幣十五元；喝一罐可口可樂的成本，是二十元。可是，除了口袋裡掏出的錢，還有其他的付出。譬如，到便利商店來回花了十分鐘，在飲料架前斟酌了兩分鐘，把飲料灌下喉嚨又花了十分鐘，這些耗去的時間，顯然也都是喝飲料成本的一部分。所以，除了直接支出的貨幣成本，還有其他的非貨幣成本。

在更高的層次上，還可以考慮行爲的「機會成本」（opportunity cost）。週末我陪孩子去釣魚，會耗去整個下午；如果不去釣魚，可以有很多其他選擇。譬如，如果在研究室寫篇文章，可以得到稿費五千元；如果去作一場演講，可以得到四千元報酬；如果看了一本不好不壞的書，可能覺得收穫是三千元。因此，因爲去釣魚，而放棄了寫稿、演講、看書等等的機會；這些機會裡最值錢的，就是寫稿子，值五千元。所以，釣魚的「機會成本」，就是五千元。很多職業婦女，結婚後留在家裡相夫教子；萬一意外受傷，賠償的金額，往往會參考他們結婚前工作的待遇。很明顯的，這是運用「機會成本」的概念。

布坎楠在一九六九年出版了一本小書，名爲《成本和選擇》（*Cost and Choice*）；對於選擇和成本，又作了更進一步的闡釋。他認爲，每一樁選擇，都隱含了成本，而且在面對取捨的那一刹那，成本的概念發生很微妙的轉折。我在考慮要去釣魚或去寫稿時，兩個選項都還沒有實現；選了釣魚，就無法去寫稿。因此，寫稿眞實的樂趣和報酬，只能揣測，而不會實現。同樣的，如果選了筆耕，就無從體會釣魚的經驗和情趣。

由這種角度來看，布坎楠認爲，成本是一個主觀的（subjective）的概念；只有在腦海裡出現，而不會眞正的實現。因爲，一旦作了選擇，其他的可能性立刻消失；那些被放棄選項的眞實內涵，也無從捕捉。

在智識的探討上，布坎楠的論點很有啓發性。但是，在眞實的世界裡，主觀的價值很難操作；在處理具體問題時，往往不得不退而求其次，以客觀價值（objective values）爲準。譬如，因爲車禍受傷失去工作，如果在工資損失之外，還要求大筆賠償，以彌補「從工作中得到的樂趣」；一般而言，法院會處理客觀的工資，而不會處理主觀的「工作樂趣」。

無所不在的成本

無論是基於哪一種定義，由成本的角度，可以很直截了當的解讀諸多社會現象。

以家庭組織爲例，農業社會裡，多半是大家庭；工商社會、特別是在都會區裡，多半是小家庭。對於這種變遷，很容易由成本的角度來解釋。在農業社會裡，面對各種天災人禍時，大家庭充分的發揮了儲蓄和保險的功能；也就是，在得到儲蓄和保險的庇護上，大家庭是成本較低的方式——農業社會裡，沒有健保公保和勞保，金融機構也不發達。工商業社會，特別是在都會區裡，維持大家庭的成本高；大家庭所發揮的功能，又被其他的機制所取代。因此，大家庭成本高效益低，難怪日漸式微。這是對社會現象的解釋，並沒有價值判斷的成分。

同樣的觀念，可以解釋工商業社會裡，單身貴族大量增加的現象。農業社會裡，生活單純；

一個人吃喝玩樂的活動，幾乎都和同一個人（自己的配偶）一起，因爲這是成本最低的方式。工商業社會裡，每個人接觸的對象增加，很容易重新組合自己的「活動伴侶」。因此，登山有登山的朋友，考試有考試的夥伴，打球有打球的球友，餘此類推。一個人的「配偶」，可以不再是一個人，而是很多不同的人。

能以專業化分工的方式組合自己的活動伴侶，就是因爲人際交往的成本已經大幅降低。下面的故事，進一步描述成本無所不在的特性。

智慧的結晶

有一次在上學校推廣教育的課，教授國防管理學院的學員時，碰上「成本」這個概念。因為要激發大家的思維，所以我總是把自己的立場說得極端一些。我說：人類所有的行為，都可以從「成本」的角度來分析。

台下馬上有人舉手表示異議，他說：「有些事情不是能講成本效益的。」我請他舉一個具體的事例，他顯然胸有成竹的說：「作戰時，為求勝利不價代價，也就是不計成本；因此，成本的概念有時很窮！」講完之後，他面有得色。能夠把老師問倒，大概是無上的樂趣，不論古今中外！

當然，這不是我第一次碰上類似的問題；我反問一句：「如果為求勝利不計代價，為什麼日本在二次大戰時要投降？」剛才表示意見的同學，似乎有點愣住。我繼續發揮：通常我們認為「成本」並不重要，是因為某種程度之內，我們可以不計成本。可是，一旦面臨考驗，有誰能夠無視於成本？

在自己的機關或公司裡，當高級長官或大老闆來巡視時，有誰是像平常一樣的率性而為，甚至出言不遜——大概除了快退休或離職的人。為什麼，因為率性直言的成本太大。就以作戰來考慮，如果我們不幸和中國大陸或日本發生戰爭，對方射出長程飛彈，把澎湖炸為平地。我們忍辱負重，繼續作戰；可是，如果對方接著把高雄、台南、嘉義依次剷除。請問，在這種情形下，政府的領導人可能「為求勝利，不價代價」的繼續下去嗎？或者，換個角度看，其他的人會讓領導人一意孤行嗎？為求勝利，可以承擔多少成本？值得承擔多少成本？而且，勝利也不是目的，勝利所來的「好處」才是關鍵所在。為了那種「好處」，值得付出多少的生命和財產？

因此，「為求勝利，不計代價」這種概念，內涵非常模糊；除非想清楚這個概念的實質內涵，否則於事無補。事實上，「成本」這個概念對人行為的影響，還值得作進一步的推敲。譬如，如果我們希望海灘乾淨，可以在沙灘上立幾個牌子：觀光勝地，請勿隨地丟垃圾。另外一種作法，是除了這幾個牌子，再放上幾個垃圾桶。試想，哪一種作法的效果會比較好？

答案很簡單，有垃圾桶比較好。因為，有了垃圾桶，可以降低遊客們做好事的「成本」；

做好事的成本愈低，自然比較容易（樂意）做好事。而且，「沙灘垃圾桶」的事例，還隱含了一種深刻的意義：買垃圾桶要花錢，按時清理垃圾桶也要花錢；所以，這種作法要付出「成本」。可是，如果沒有垃圾桶，沙灘上到處是隨手丟棄的垃圾，整個怡人的景觀被破壞，大家所承擔（所付出）的是另外一種「成本」。

因此，買垃圾桶花錢，但是換得了乾淨的海灘；不買垃圾桶省錢，卻要承受被破壞的景觀。在「買垃圾桶」和「破壞的景觀」這兩種成本之間，怎麼取捨比較好呢？而且，類似的例子俯首可得。多幾位交通警察，要增加成本，但是交通秩序較好；少幾位交通警察，少花點錢，但是要承擔紊亂的交通秩序，以及時間心力的浪費。餐廳戲院不裝防火逃生設備，可以省點錢；可是，一旦有意外發生，卻要承擔喪失寶貴生命的成本。對員工屬下疾言厲色，好像一呼百應、無往不利；可是，要承擔沒有人講真話和陽奉陰違的成本。

我的結論很簡單：雖然「成本」表現的形式可能很隱晦、很間接，可是確實無所不在。想一想，上課時照本宣科，老師可以省點力氣；可是，隱含的成本又是什麼呢？

我說完之後，台下一片安靜；似乎，要弄得清楚「成本」的概念，可能也要付出可觀的成本。

法學裡的成本

在經濟學的領域裡，宣稱成本無所不在，也許有幾分道理；可是，在高舉公平正義大纛的法學裡，有「成本」這個概念生存的空間嗎？

實然和應然

由許多侵權的官司裡，可以看出成本的身影。首先，在僱傭關係（principle-agent relationship）裡，有多種類型。以修繕房屋為例，屋主可能僱一工頭，自己指揮工頭如何動手；或者，屋主可能把工作包給工頭，由工頭總其成。在施工過程裡，一旦發生意外（木板上的釘子沒有拔掉，造成路過的行人受傷），無論是民間習俗（也就是行規）或法律，都會有不同的處理方式。

如果是由屋主指揮工頭，屋主要負責；如果屋主包給工頭，工頭要負責。由法律的觀點來看，這是責任歸屬的問題；由經濟分析的角度看，這種責任歸屬，是成本較低（效益較高）的方式。因為，當屋主直接指揮時，工頭是居於一個口令一個動作的地位，既然大權操在屋主手裡，由屋主避免意外比較容易，也就是成本較低。當屋主包給工頭時，工頭掌控全局，由他來避免意外比較容易，成本較低。

其次，在工作場所發生性騷擾的糾紛裡，如果雙方有從屬關係，則公司老闆要負責；如果雙方沒有直接的從屬關係，公司或老闆就不一定要負責。這種處置，也可以從成本的角度來解釋。當雙方有從屬關係時，被騷擾的下屬要抗拒比較困難；這是因爲在其他方面，容易被直屬上司刁難或找碴。而且，公司或老闆在領導統御上，容易要求各級幹部善盡職責。也就是，在這種情形下，由公司或老闆來避免性騷擾，成本較低；由當事人避免性騷擾，成本較高。

當雙方沒有直接的從屬關係時，情況顯然不同。一方面，當事人比較容易抵制騷擾，因爲不太容易被挾怨報復；另一方面，老闆或公司要透過指揮體系，避免兩性糾紛，比較不容易。因此，在這種情形下，性騷擾通常是當事人之間的侵權糾紛，和僱主沒有直接的關聯。

此外，在許多類似的實例裡，都可以發現法律界定責任的原則——誰防範意外的成本低，就由誰承擔防範意外的責任；因此，既然在實然面已經形成這種特質，法律就值得在應然面採取這種立場。也就是，在面對糾紛時，法院最好這麼取捨：誰防範意外的成本低，就「應該」由誰承擔防範意外的責任！

下面的故事，就是具體的闡釋了法律的「實然」面和「應然」面。

烏鴉的話

身為經濟學家之一，當然經歷過各種對經濟學者的調侃和嘲諷。不過，這也反映了經濟學者至少有一點貢獻——可以成為眾人嘲弄的笑柄。也許，不需要經濟學者，這個世界也能照常運轉。可是，心平氣和的想想，經濟學（者）難道真的一無是處嗎？

前一段時間有位法律系的老師問我，要怎麼處理他手上的一個仲裁案件：某個公有市場裡有座載貨電梯，裡面設有特殊開關，按下之後可以直達頂樓。不知道是什麼原因，有位輕度智障的小朋友進了電梯，大概是按了按鈕，結果到了頂樓之後，打不開電梯門。幾天之後被人發現時，小朋友已經脫水餓死。家長提出告訴，要市場（管理員）和電梯製造商負責和賠償。

法律系的老師問我，由經濟學的觀點來看，怎麼處理比較好？他知道我正在教「法律經濟學」，這是由經濟學者和法律學者所共同發展出來的一門新興學科。

我告訴他，由經濟分析的觀點來看，這個案例並不困難。市場（和管理員）的責任比較明確，因為明顯的有疏於管理的事實。可是，雖然孩童的家長和一般人會認為電梯製造商也要負責，這種推論卻不一定成立。設計製造電梯時，是基於由一般人正常使用的考慮。如果為了防範智障小朋友誤觸按鈕這種非常非常特殊的意外，要更改設計，而且金額非常可觀；那麼，即使被判要負起連帶責任，製造商只會賠錢了事，而不會更改設計。下次再出意外時，再賠錢。

可是，由製造商來承擔防範意外的責任，算不算是「好的判決」呢？要防範意外，最好是由最能防範意外發生的人來負起責任；也就是，誰防範意外的成本最低，就值得由誰來防範意外。基於這種考慮，顯然智障小朋友的父母最清楚自己孩子的情形，能以最低的成本來防範意外。因此，我認為孩童的父母也應當承擔某種責任。

聽我說完後，法律系的老師表示：他能了解我的邏輯，而且覺得有說服力。可是，在目前社會的氣氛下，似乎很難作出這種仲裁。

這是幾年前的事了，再想起這件事，是最近看到台北捷運意外的消息：一個五歲左右的孩童，跟著母親搭捷運；小孩提前下車，媽媽還在車上。結果，小孩跳下軌道追趕列車，卻不幸在隧道裡被另一輛捷運撞上而死。意外發生後，捷運公司先是表示，要依「搭乘大眾捷運發生意外事故處理辦法」之類的規定賠償；而後，在民意代表和家屬的指責抗議之下，又表示要協助家屬申請國家賠償。

小孩意外喪生，尤其是那一段追趕列車找媽媽的過程，想來令所有識與不識者動容心驚。可是，除了對家屬同情，以國家賠償來處理這樁意外，真的是最好的方式嗎？

就像電梯意外的事例一樣，誰最能防範這次的捷運意外呢？帶著年僅五歲的兒童坐捷運而讓孩子離開身邊，這是媽媽的第一個（嚴重）過失；發現小孩不見後，沒有拉緊急的剎車裝置讓列車停下，這是媽媽的第二個過失。因此，孩童的媽媽是最容易防範意外發生的人，然而顯然並沒有完全盡到自己的責任。因此，雖然她在良心上一定受到無比的煎熬，可是在法律上是不是也應該負起某種程度的責任？

而且，如果法律認定媽媽不需要負擔責任，並且以國家賠償來處理，是不是「可能」引發一種不當的誘因——某個心狠手辣的父母（不是指這次事故中的父母，而是報紙上社會新聞裡天天有的、凌虐子女的父母）會不會得到靈感，有意無意的讓自己的子女發生捷運、火車、舟船的意外？這種聯想似乎殘忍，但是有沒有「可能」呢？

也許，經濟學者的言行真的不討人喜歡；但是，烏鴉的聒噪是不是也有某種警世預言的意味？

程序正義和實質正義

由成本的角度，也可以清楚解釋司法運作的內涵和方式。以「正義」爲例，由正義這個概念出發，很容易接受「相同的行爲、受相同的待遇」的想法。但是，想像一種情況：兩輛機車在鬧區飆車蛇行、橫衝直撞，行爲上完全無分軒輊。可是，一輛運氣好，沒撞上人；另一輛運氣不好，把路人撞成重傷。由結果上看，當然是一輛撞上人、一輛沒有；可是，由行爲上看，兩輛車的過失毫無差別。不過，在法律上，卻會對兩輛車採取非常不同的作法。

一般人的觀念裡，如果對兩輛車一視同仁、不論結果，顯然將耗用可觀的司法成本；可是，如果根據結果來處理，因爲結果明確，司法成本大幅降低。所以，無論對一般民眾或司法體系而言，由結果來論斷是非（以成敗論英雄），是成本較低的作法。由此可見，正義的內涵，也就是社會所接受或所賦予正義的概念，確實受到成本這個因素的影響。

其實，不只實質正義是如此，程序正義也是一樣。在追求正義時，社會往往會採取某種程序；而程序的方式和內涵，都有成本的身影。最簡單的例子，是爲了避免犯錯誤判，司法程序當然愈嚴謹愈好，可是在一般法治國家裡，很多採取三級三審的方式，卻沒有九級九審的作法。追求正義，也必須面對成本的考量。

事實上，簡易法庭的作法，就直接反映了司法成本的考慮。殺雞不用牛刀，符合成本效益；簡易法庭，就是殺雞不用牛刀。此外，現代民主社會裡，有些政府機構兼有行政和司法的職責；譬如，在公平交易、環境保護、消費者權益方面，行政機關往往具有某種司法裁判權。集行政和司法於一身，有球員兼裁判的成分；但是，對於專業程度較高或技術性成分較重的事務，基於成本的考量，某種程度的球員兼裁判或許利大於弊。

此外，由初犯和累犯的處理方式上，可以看出比較複雜的程序問題。雖然在法學教育裡，一再強調：即使是累犯，在被證明有罪前，也要視爲無辜；只有在量刑的時候，才考量前科的事實。這種觀念必然主要的著眼點，是對人權的保障。曾經犯過錯，並不表示會再犯錯；否則，有前科的人，受到差別待遇；這好像是「原罪」一般，等於是未審先判。

可是，權利的背後，需要相關條件的支撐，而且必然牽涉到資源的運用。試問，對於一個已經有二十次前科紀錄的慣竊、和一個沒有任何前科的嫌疑犯，警察、檢察官、乃至於陪審團和法官，是不是「應該」以同樣的方式、心情、程序、時間、心力來處理？如果對前科累累的嫌疑犯，花少一些的時間心力，就可以把省下的時間心力和資源，用來處理其他的案件。也就是，把累犯當初犯來處理，是「機會成本」很昂貴而奢侈的作法。當然，累犯之間，也有程序上的差別。前科兩、三次的累犯、和前科二、三十次的累犯，確實大不相同；事實上，這種認知也反映一種成本上的評估——把這兩種人一視同仁，容易犯錯，而犯錯的成本很可觀。

有趣的是，對於「累犯初犯是否一視同仁」這個問題，最後是由誰來決定？在一個民主法治的社會裡，公共事務的決定，是由代表民意的民意機關來定奪；而民意機關裡的民意代表，（理論上）不過是一般納稅義務人的傳聲筒而已！因此，最後的決定權，是由一般納稅義務人來決定。試問：對一般納稅義務人而言，他們希望司法機關怎麼運用他們所繳的稅捐？對於初犯和累犯，他們希望一視同仁，還是希望有某種程度的差別待遇，無論是在裁決前或裁決後？

交易成本

寇斯會得到諾貝爾獎，主要是他在一九三七和一九三六年發表的兩篇論文；而貫穿兩篇論文的概念，就是「交易成本」。

交易成本最簡單的定義，就是「爲了達成交易所耗費的資源」。這個概念，最好以一個實例來說明。小林新婚，想買個冰箱；對冰箱他一無所知，因此花費了一些時間搜集資訊、徵詢同事朋友的意見。然後，他到幾家電器行去選購，請售貨員展示說明，並且和老闆討價還價。買了之後一個月，他發現冷凍庫經常結不了冰；因此，他又費了一番周章，把冰箱送回店裡，換了一台。

在這個簡單的交易裡，可以依時間先後，分成三段：交易前、交易當時、交易後。在各段時間裡，都有時間心力、有形無形的付出。具體而言，爲了達成交易，事前有「搜尋成本」（search cost）、交易時有「議價成本」（bargaining cost）、事後則有「履約成本」（enforcement cost）。因爲有這三種成本，所以交易的方式和內容（程序和實質），都會受到影響。一些簡明的事例，可以反映這個重要的體會。

譬如，美國三大汽車公司，對自己的產品往往提出「五年或五萬哩」的保證，在保證期限內，免費維修。這種保證，就大幅降低了顧客們搜尋和議價的成本。還有，在汽車保險和健康保險裡，往往有「扣除額」（deductible）的條款：汽車進廠送修或投保人進醫院治療，花了兩千美金；假設扣除額是一千美元，那麼保險公司的理賠額，將是實際花費減去扣除額的部分，也就是一千美元。這麼作的原因，是因爲在履約時，保險公司不知道維修和治療是眞是假，也很難查證；因此，藉著扣除額的作法，可以加重當事人的責任，以避免無謂的浪費。

由這些事例，可以就近取譬，考慮交易成本這個概念在法學裡的意義。首先，最明顯的例子，是關於契約條款。就一個典型的商業契約而言，討論、書寫、修改、簽訂等等，都要付出成本；爲了增加彼此的淨利益，簽約成本（contracting costs）最好不要太多。因此，契約裡不可能鉅細靡遺，列舉各種可能的情況（如果油價漲爲五十美元一桶、如果美國出兵中東、如果道瓊工業指數跌破五千……）。所以，一方面會有定型化契約（form contracts）出現，降低雙方的締約成本。另一方面，萬一特殊情況出現，沒有涵蓋在契約條款裡，往往就依靠行規（trade customs）來處理。如果演變成官司，法官也可以藉著「假設性思維」來處理：如果當初雙方考慮到這種特殊情況（大地震、電力中斷），會如何處理？這種思維方式，未必能處理所有的糾紛，但是至少提供了一個思維上的起點。

其次，「隱式契約」（implicit contract）的概念，也可以由交易成本的角度來解釋。有人意外昏迷，路人幫忙送進醫院，醫生出手急救；事後，病人不認帳，認爲醫生和醫院多事。或者，某個教派反對輸血，不知情的醫生爲教友輸血急救；事後，教友控告醫生侵權。在這兩個事例裡，事發當時，都無從協商簽約，因爲交易成本過高。利用假設性思維，就可以有處理的依據：如果病人清醒自主，絕大多數的情況下，會同意醫生救護和輸血。如果爲了少數教派的特殊信仰，醫生從此綁手綁腳，對整個社會而言將是一種損失。

最後，市場裡的交易，是雙方自願，而且雙方互蒙其利。也就是，財物的移轉和換手，自願性的交易是成本很低的方式。相形之下，偷竊、搶奪、勒索、恐嚇、脅迫、詐騙，本質上都是財物移轉和換手。可是，這些方式，都違反了「自願性」交易的特質。在一般法治社會，希望看到財物資源流動的方式，是以成本低的途徑來達成。因此，法律所採取的立場，可以由交易成本的角度，作合情合理的解釋。

結語

在經濟學裡，成本這個概念的重要性，幾乎等同於公平正義在法學裡的重要性。但是，在成本和公平正義之間，有一些微妙的區別。公平正義，是一種規範式的價值；公平正義的內涵，通常是由人們在觀念上賦予或充塡。相形之下，成本，不是抽象的理念，而是見諸於人們各式各樣、大大小小的行爲。如果能降低成本，就可以把省下的資源心力，放在其他的使用途徑上。因此，成本的概念，符合物競天擇的精神；爲了生存繁衍，人們會設法節約資源，降低成本。

和成本相對的，當然是「效益」這個概念。雖然成本對應的，就是效益；可是，實際上，成本的概念比較明確，效益的概念往往很模糊。譬如，要求全民具備外語能力，成本比較容易估量，效益卻比較含混。因此，成本的概念比較清晰，在思考上也容易有著力點。在這一章裡，我試著以「成本」這個概念爲核心，解釋法學裡的諸多問題。這麼作有兩個目的，一是以簡馭繁，以成本低的方式思考問題；另外一個目的，是一以貫之，由經濟學的分析性概念，闡釋法學裡不同領域的問題。

蒲士納法官曾說：「對公平正義的追求，不能無視於代價。」他的這句名言，很巧妙的爲經濟分析和法學問題搭起橋梁；而這座橋梁，就是由成本這個概念來支撐！

相關文獻：

1. Becker, Gary S. *The Economic Approach to Human Behavior*, University of Chicago Press, Chicago, 1976.
2. ---------. "Nobel Lecture: The Economic Way of Looking at Behavior," *Journal of Political Economy*, Vol. 101, No. 3, pp. 385-409, 1993.
3. Buchanan, J. M. *Cost and Choice*, Chicago: Markham Publishing Co., 1969.
4. Coase, Ronald H. "The Nature of the Firm," *Economics*, Vol. 4, (n.s.), pp. 386-405, 1937.
5. ---------. "The Problem of Social Cost," *Journal of Law and Economics*, Vol. 3, pp. 1-44, 1960.
6. Zerbe, Richard O. *Economic Efficiency in Law and Economics*, Northampton, MA: Edward Elgar, 2001.

【第十章】

誰的劍譜、誰的武功？

——思考法律問題的參考座標

前言

多年前，我們以分期付款買了一個公寓，不大不小，適合小家庭。後來分配到學校宿舍，我們就把公寓出租。

這些年來，前後有三組房客；前兩次是家庭，最後是兩位單身女郎。她們好像是高中大學同學，感情很好，一起合租。當初我表示，希望只是租給她們兩位，不希望有轉租等等。沒想到，後來她們之中有一位結婚，先生也搬進公寓；我好久之後才知道，打電話向她們表示異議。房東房客之間，開始有點火藥味。

爲了弄清楚租約的權利義務關係，我四處打電話徵詢法律意見。我把事情的來龍去脈，告訴一個租屋服務中心的法律顧問，問他房客是不是違約？他答的很妙，大出我意料之外；他說：「應該沒有違約，因爲根據民法規定，夫妻有同居的義務；所以，先生搬進公寓合住，沒有什麼不對！」我請教他，過去有沒有類似的官司，可以查判決和理由；據他所知，沒有。

聽他的解釋，當時我很訝異；後來，自己想通了，知道他的見解說不過去。如果根據「夫妻有同居的義務」，先生就有權和太太同住；那麼，女兒結婚之後，女婿不也有權搬進丈人的家裡？我不相信，有哪一個法治社會，會接受這種邏輯或作法。因此，那位法律顧問顯然學藝不精，引喻失義。

在這一篇文章裡，我將闡釋思索法學問題時，經濟學者常援用的幾種思維模式（conceptual device）。這些思維方式，不像成本效益分析（cost-benefit analysis）這般宏偉博大，而只算是分析問題時可以依恃的參考座標（reference framework）而已。

蒲士納的兩式馬步

以才氣縱橫、著作等身來形容蒲士納法官，一點都不爲過。我認爲，他的治學風格，特別令人敬佩的有兩點。

一方面，他不斷探索新的領域、新的課題；即使是全職的首席法官，他從來沒有停下來，或固守熟稔的範圍。另一方面，他一向直道而行，在學術上從不採取四平八穩、溫良恭儉讓的立場。讀他的文章，總覺得有新意、有智慧。關於思索法律問題，蒲士納有兩個非常明快的工具：假設性思維、財富極大化。

假設性思維

在很多問題上，爭訟雙方的爭執所在，是「當初沒有說清楚」或「契約的條款裡沒有載明」。譬如，英國曾有一個案例：某家罐頭公司僱了一架小飛機，約定在天朗氣清時，拖著「請愛用××罐頭」或「××罐頭公司向您問好」字樣的標語，橫跨天際。這是典型的交易，雙方互蒙其利；罐頭公司作廣告，小飛機提供廣告服務。

然而，天有不測風雲，在一個日朗天清的日子裡，小飛機飛上天際，好好的在市區上空來回馳騁。萬萬想不到，那天剛好是國殤日，舉國上下一致哀悼為國捐軀的陣亡將士。因此，小飛機的舉動，不但沒有發揮預期的效果，反而是幫倒忙。很多人打電話到罐頭公司，抗議公司不通人情、品味不佳（bad taste）。罐頭公司覺得權益受損，告到法院，認為小飛機在履行契約時，應注意而未注意。小飛機也有話說，當初的約定是「天朗氣清」；後來既不是在烏雲密布時飛，也不是在明月高掛時飛，何違約之有？

在這種情況下，假設性思維就可以派上用場；法官可以問爭訟的雙方：「如果當初簽約時，曾經針對這個因素考慮；那麼，會定下何種條款？」或者，簡單明確的問：「當初簽約時，罐頭公司會不會要求，在國殤日請小飛機作廣告？」

答案當然是：不會。因此，雖然契約裡沒有先訂定，但是契約裡不可能事先設想千奇百怪、不一而足的情況——譬如，如果當天有大地震，即使天氣晴朗，也不應拉廣告。把契約簡化，降低訂約成本（contracting costs），對雙方都有利。至於在履約時，一旦發現特殊情況，雙方都可以自問：如果當初針對這個情況定約，會如何取捨？然後，就以這種取捨，作爲行爲的依據。

另外一個貼切的例子，也是英國的官司。某次英皇加冕大典，遊行所經路線的二、三樓陽台，都被預定一空。可惜，當天英皇御體違和，典禮延後。陽台主人要求依約付款，因爲當天確實提供了陽台。可是，不少訂陽台的人拒付，因爲訂陽台的目的，就是要觀禮。對於這個官司，利用假設性思維，就很容易找到處理的標竿：如果當初雙方曾討論「御體違和、典禮延後」的情況，大概絕大部分的人都會同意：契約該順延或取消，但針對原約定，支付陽台主人部分金額以爲補償。

就我自己碰上的事例而言，雖然當初沒有討論：「結婚而配偶遷入」的情況，但是房租是針對兩位房客、而不是針對一個家庭而定；如果當初面對這個情況，我想雙方都會同意：住的人增加，房租對應調高。

當然，運用假設性思維，不一定在所有的情形下都有明確的結果。但是，在思索許多法律問題時，蒲士納的發現確實是好的切入點。

財富極大

對法律學者來說，假設性思維只是一種思考的技巧，不太涉及基本理念或價值。相形之下，蒲士納「財富極大」的論點，在法學界引發了很大的爭議。

蒲士納的基本立場，其實很簡單。在面對很多官司時，法官可以自問：怎麼判，才能使社會裡的財富愈來愈多？例如，美國曾發生一件著名的官司。一位攝影家，費盡千辛萬苦（和大筆金錢），到喜瑪拉雅山照了很多懾人心弦的照片；他把這些得來不易的底片，寄給一家沖印公司。沒想到，沖印過程裡，這些底片不慎遺失。攝影家提出告訴，要求沖印公司賠償底片、郵費、來往喜瑪拉雅山的旅費和其他支出。理由是：沖印公司疏忽，造成損件，因此應該要賠償重照所需的花費。

面對這個官司，因果關係很清楚；由公平正義的角度，似乎值得讓攝影家得到完整的賠償。但是，由蒲士納財富極大的觀點，卻有不一樣的思維和不同的取捨。他的推論，也非常簡單。

他會問：如果讓攝影家得到完整的補償，長期來看，會使社會的財富增加或減少？試想，如果攝影家得到補償，下次還會依樣畫葫蘆；對於一般底片和特殊底片，他不會採取差別待遇。其他的攝影家，自然也會有樣學樣。還有，如果沖印公司這次要賠大筆金額，為了生存，以後必然提高收費；而且，為了自保，在處理底片時，也必然要採取較精緻（也就是成本較高）的作法。整個沖印流程，變得遲緩、變得昂貴。此外，以後再發生類似的糾紛時，又要動用司法體系來檢驗顧客的說詞和證據，憑白耗費可貴的司法資源。

相反的，如果沖印公司只賠償那幾捲底片（乘上某個業內公認的倍數，也就是當時業內所採取的作法），攝影家這次吃了大虧；但是，對於特殊底片和一般底片，下次他會分開處理。其他的攝影師，當然也會見賢思齊。沖印公司，對於指名要特殊處理的底片，以後會特別慎重，當然也會收費較高；對其他一般的底片，還是採取標準化的作法，收費也較低。採取雙軌制，顯然對雙方都好，也可以處理較大量的底片。交易量大，買賣雙方均享其利；長遠來看，社會的財富會愈來愈多。因此，由財富極大的角度著眼，不會讓攝影家得到完整的補償。

關於財富極大的論點，蒲士納多年來曾多次執筆闡釋；而他的理由，可以分成實證（positive）和規範（normative）這兩方面。在實證上，他認為，一般的風俗習慣、特別是交易行為裡所發展出的「行規」、乃至於法庭裡所作成的裁決，通常會使大家均蒙其利、而不會均蒙其弊。因為，均蒙其弊的作法，不可能讓社會長期存活。

在規範上，蒲士納認為法院在對面契約和侵權等問題時，值得、也應該以財富為著眼點。因為，追求其他的價值——譬如使社會快樂程度最大——過於抽象模糊，無法操作；可是，衡量財富有較明確的量尺，可以幫助法官評估斟酌。而且，財富容易轉換成藝術、音樂、文學等其他價值，但是其他價值未必容易轉換成別種價值。譬如，口袋裡的一百元美金，很容易轉換成麵包飲料，救助飢民；但是，滿腔的正義感，卻未必容易變換成美金或其他價值。

事實上，目前人權程度最高、人的尊嚴受到最多尊重的社會，通常就是資源財富較豐饒的社會；有了世俗的財富資產，才容易支持比較抽象的價值。試問，在三餐不繼、路有凍死骨的環境裡，人的尊嚴會受到重視嗎？在雞犬之聲相聞、老死不相往來的純樸生活裡，人的健康生命懸於大自然的施捨，不是嗎？只有當社會富裕到相當的程度，一般人才可能享有溫飽安全的生活，也才可能進一步追求民主自由這些抽象的價值。

此外，在比較抽象的層次上，以「財富」爲思考的參考點，還有一層很積極的意義。財富表現的方式，或是具體的貨幣珠寶，或是有形的房舍牛馬、乃至於雕塑畫作等等。在兵荒馬亂時，無論是珠寶或畫作，都毫無價值可言；可是，在一個承平穩定的社會，珠寶房產牛馬等財富，大致皆有某種貨幣上的數值。這個數值，反映了買賣雙方所願意，而且又能夠支持的一種評價。

譬如，我宣稱畢加索的畫作對我價值最高；這是一種支持價值的方式。另一種方式，是我除了宣稱，還由口袋裡拿出一張兩億美金的支票。兩相比較，可以反映出財富的意義：在評估、交換、持有、儲藏的每一個環節，財富都有「實質」的資源作爲後盾。因此，在思索官司雙方的權益時，財富背後大大小小直接間接的評價，都有助於法官斟酌取捨。

也許，一般人對財富金錢的保留和憎嫌，是因爲人類歷史上大部分時間是處於匱乏的情況；爲了能自我排遣，只好發展出一些能自我安慰、自我說服的機制吧。

寇斯的兩把刷子

對法律學者來說，蒲士納財富極大的論點，可以說是驚世駭俗，簡直是世紀末的異端邪說。不過，這個論點，始作俑者其實是寇斯。

在一九六〇年發表的經典之作裡，寇斯明確的提到「社會產值極大」（maximize the value of social production）的概念。他的論點，可以藉英國有名的「炸魚薯條」（Fish and Chips）來說明。炸魚薯條，是英國的國食，有點像廣東粥、山東大饅頭、台灣擔仔麵。寇斯曾說：「提到英國而不提炸魚薯條，是自相矛盾、不可思議的說法。」（England without fish and chips is a contradiction in terms.）

如果一家炸魚薯條店搬到隔壁，香味四溢；但是，鄰居告到官府，認為香味擾人，而且降低了房地產的價值。面對這種官司，法官如何處置？寇斯的解答直截了當：看哪一種方式使社會產值較大，就選擇那種方式。也就是，寇斯也不是從公平正義的角度著眼，而是著重在資源運用的效率上。

不過，有趣的是，由社會產值極大的標竿立論，往往和以公平正義為出發點論述，得到殊途同歸的結論。根據傳統的法學思維，如果炸魚薯條店搬進住宅區，當然不對，可是，如果是搬進辦公商業區，可能就理直氣壯。同樣的，由社會產值的觀點看，搬進住宅區，影響整個區域的格調和特質，降低了社會產值（社會財富）；搬進辦公商業區，發揮紅花綠葉的效果，反而增進社會產值，何錯之有？

由炸魚薯條店的例子，也就容易了解寇斯在這篇論文裡提出的「寇斯定理」。

寇斯定理和單一主人

寇斯定理是指：當交易成本為零時，無論當初財產權如何界定，資源的運用都會是有效率的。

要解釋寇斯定理，可以想像一個和炸魚薯條店類似的例子：上下游各有一工廠，上游工廠排放的汙水，會影響到下游工廠的生產。那麼，在法律上，到底要如何界定雙方的權利：是讓上游工廠有排放汙水的權利，還是讓下游工廠有不受汙水干擾的權利？假設下游工廠生產的產品，比上游工廠的產品值錢。第一種情況，如果原先的權利是歸給上游的工廠，上游的工廠依法可以排放汙水；可是，因爲下游工廠的產品比較值錢，所以下游的工廠可以付錢給上游的工廠，而不再排放汙水。第二種情況，如果原先的權利是歸給下游的工廠，上游的工廠依法不能排放汙水；而且，因爲上游工廠的產品較不值錢，也就無法向下游工廠買排放汙水的權利。

因此，無論當初財產權如何界定，最後的結果都是一樣的，而且是有效率的結果——下游的工廠繼續生產，而上游的工廠不排放汙水。當然，關鍵在於寇斯的假設：交易成本爲零，也就是上下游的工廠討價還價、拿翹作勢，都不會耗費心力時間。

換一種說法，交易成本爲零，是表示上下游的工廠，彼此都清楚的知道利之所在；他們所爭執的，只是利益如何分配而已。既然交易成本爲零，爭執不耗用資源，所以最後雙方會以利之所在形成交集，而且結果是有效率的。

寇斯定理成立的前提，是交易成本爲零；可是，在一般人的生活經驗裡，很難想像交易成本爲零的景象到底爲何。還好，文獻裡出現「單一主人」（single-owner）的思維方式。

在上下游工廠的例子裡，彼此的權益衝突；一旦打官司，法官怎麼取捨？根據單一主人的思維方式，法官就想像：如果上下游的工廠主人，因衝突而認識，因認識而相戀，最後結婚。這時候，兩人利益合而爲一，顯然會追求整體利益極大。因爲下游工廠的產品價值較高，所以不會讓上游工廠排放汙水。這個結果，正呼應了寇斯定理的主張，也呼應了寇斯「社會產值極大」的標竿。

權益衝突的兩人，因相愛而結婚，這是一種想法；更直接的思維方式，是假設上下游工廠的主人是同一人。單一主人，自然會追求自己產業整體價值的極大。無論是間接或直接的想法，單一主人的想法，提供了思考問題的一個著力點。在面對權益衝突的問題時，法官可以以單一主人的取捨，作爲排解或處理兩人衝突的基準點。

在很多實務問題上，雖然沒有直接援用單一主人的名詞，卻採取幾乎完全一致的思維。譬如，貨船在途中遇上暴風雨，情況岌岌可危。這時候，船員、貨主（之間）、船主的利益，並不完全一致；可是，海商法裡，允許船長作緊急處置，把某些貨物先拋下海，減輕船重。等安全進港之後，再依比例，由所有的貨主分攤損失。在暴風雨裡，船長就像是船隻、船員、貨物的單一主人；由他來決定，最適當的處置是什麼。由社會的角度來看，這也是追求社會產值（或財富）極大的方式。

另外一個例子：在公司宣布破產重整時，由法院指定的重整人，其實就是單一主人；他同時代表所有的股東、所有的債權人、所有的員工，然後採取他認爲適當的方式，以照顧各方的利益。長遠來看，重整人的機制，也就是在使社會的資源能有最好的運用方式。

單一主人的技巧，無疑的增加了寇斯定理的實用性，也使得這個定理的影響更爲宏大。

基準點分析法

在一九六〇年的論文裡，除了震古鑠今的寇斯定理，還隱含了寇斯極其特殊、但又極其平凡無奇的分析方式——基準點分析法。

當有人說：「貓王的聲音很有磁性。」這句話已經隱含一個基準點——其他歌星的聲音，和這個基準點相比，貓王的聲音特別令人著迷。同樣的，當有人說：「李光耀作風強悍。」也是把李光耀和其他一般領袖的作風相比。其實，只要是作了價值判斷，一定隱藏了某種量尺；有量尺，才會有相對的高低、大小、肥瘦、美醜、是非、善惡、對錯。

在論文裡，寇斯採用的基準點有兩個：社會產值極大、零交易成本的世界。在思索法律問題時，法官可以自問：哪一種裁決，可以使社會產值極大？還有，既然交易成本為零時，資源運用是有效率的；因此，財產權的界定，最好使交易成本愈低愈好。由此可見，社會產值極大和交易成本為零，可以作為斟酌思慮的基準點。同樣的，蒲士納的假設性思維和財富極大，也都是思考上的基準點。

事實上，傳統法學的論述方式，在本質上也是基準點分析法。譬如，根據「最後明顯機會原則」（the last clear chance rule），對於誤闖鐵軌、因而被撞喪命的人，火車司機沒有過失責任；但是，如果火車司機剛好看到這個人（而不是在看儀表），那麼他手裡有最後的機會，可能可以緊急煞車、避免撞上。在這種情形下，司機才需要承擔責任。或者，根據「善意取得原則」，如果是在有名有姓的店裡、以正常價格買了珠寶飾品；即使事後發現是贓物，買方的權益也會受到保障。此外，法學論述裡常以柏拉圖、康德、羅爾斯等人的見解爲出發點，再作申論；這些哲學家們的見解，顯然就是論述的基準點。因此，法學論述，在性質上是「法理式分析」（doctrinal analysis）；各式各樣的法理（doctrines），就是不一而足的基準點。

關於基準點分析法，有兩點值得強調。首先，在論述開始時揭櫫的基準點，通常是眾人接受或爭議較少的立場。在法學界，各種法原則和哲學家們的見解，顯然容易得到圈內人的共鳴。其次，接受了基準點，等於是接受了立論的前提或臧否的價值和尺度。因此，在運用基準點分析法時，値得提醒自己，採取這個基準點的理由是什麼？爲什麼是這個基準點，而不是其他的基準點？

最後這兩個問題，也可以用來檢驗法學裡最常出現的基準點——「公平正義」的概念。

我的一得之愚

在前面所討論的思維模式裡，有的隱含價值判斷（財富極大），有的則只是思考的技巧，和價值沒有直接的關聯（假設性思維、基準點分析法、單一主人）。

由閱讀和思考裡，我漸漸歸納出一種簡潔有效的思維模式；而且，這種思維方式，有點「結合古今中外學說的精華，加上自己獨自見到的道理，融會貫通而成」的味道。具體而言，這個思維模式可以用「A–A'」來表示。A–A' 是簡寫，比較完整的呈現方式，是：

$A: B_1, B_2; C_1, C_2$。

$A': B_3, B_4; C_3, C_4$。

這個結構雖然不起眼，卻含有很多的內涵。首先，每一件事物（以 A 來代表），都有很多的面向（dimensions）；譬如，人有身高、體重、膚色、性別等等特質。其次，一件事物的良窳，通常是利弊參雜，而不是全好或全壞。譬如，買了汽車，可以享受駕駛之樂，不再受雨天裡揮手招計程車之苦；不過，有了車子，要找停車位，要防偷防撞。因此，總是利弊各有。利，可以用 B_1 和 B_2 來代表，B 是表示利益（benefit）；弊，可以用 C_1 和 C_2 來代表，C 是表示成本（cost）。

再其次，A' 是代表替代方案（alternatives）或其他的可能性；譬如，A 是送小孩上私立學校，A' 是讓小孩讀公立學校。A–A' 的結構，意味著一件事物的好壞，其實是相對於其他事物的好壞。如果選的是 A，會得到 B_1 和 B_2 的利益，但是也要承擔 C_1 和 C_2 的缺失。同時，選了 A，就得不到 A' 的好處 B_3 和 B_4，但是也避免了 A' 的缺點 C_3 和 C_4。

還有，A–A' 的組合，有點像是畫連環圖，把分析問題的過程一步一步、清清楚楚的呈現出來。這個組合也意味著，在現況 A 之外，人總是可以試著去揣摩和想象，潛在的、可能的、還沒有被實現的A'。好的企業家，就是以現有的產品或作法（A）爲基礎，試著琢磨出更好的產品或作法（A'）。

對於法學問題，A–A'還有兩種額外的啓示。一方面，A–A'的組合，正貼切的反映了原告和被告之間的對立關係。如果是非對錯一目了然，通常不會成爲官司。因此，法官所面對的問題，等於是在原告和被告之間，選擇一個較佳的利弊組合。另一方面，A和A'，可以看成是兩種遊戲規則。選了A，會誘發出一類行爲反應；選了A'，會誘發出另一類的行爲反應。在斟酌裁量時，法官就值得未雨綢繆，以向前看（forward looking）的思考方式，推測不同規則所可能帶來的後果。譬如，前面所描述攝影家和底片的官司，A是沖印公司負全責，賠償攝影家所有的損失；A'是攝影家負主要責任，沖印公司只負一小部分的責任。A和A'之間的取捨，就在於哪一種遊戲規則，長遠來看可以誘發出較好的行爲反應。

在比較抽象的層次上，A–A'也透露出經濟分析的基本立場：分析事物時，並沒有預設立場，一切是由相對（relative）的角度著眼。對於經濟學，常有人描述爲「研究選擇的科學」。在任何的選擇（choice）裡，其實都隱含了比較（comparison）和對照（contrast）。最後被選擇的選項，一定是相對於其他選項而言、是比較好的。

當然，A–A'這種思維方式的好壞，是要和其他的思維方式對照比較之下，才能分出優劣高下。曾有一位學生，在學期末的報告裡，就利用A–A'的架構，來分析這種思維方式和其他思維方式的差別！關於A–A'的應用，下面的故事可以約略反映出，不同遊戲規則的內涵和之間的差異。

遊戲規則的遊戲

生命的脈動非常奇妙，有時候會在完全意外的情形下，經歷同樣的悸動。

前幾天到木柵去改高考「公共經濟學」範圍的一份試卷；在四題問答題裡有這麼一題：上級政府對下級政府補助時，如果是針對特定的支出項目、而且要求地方政府提供配合款，結果會如何？

因為是針對「特定支出項目」，所以下級政府不能把錢用在其他的用途上；因為是要求「配合款」，所以地方政府一定要自籌一部分財源。也許考生的是非觀念太強，有的考生鐵口自斷「結果一定不好」，因為上級政府所補助的不一定是下級政府最需要的項目；另外有些考生洋洋灑灑的闡述「結果一定好」，因為上級政府所提供的經費正是下級政府引領企盼的。

習慣了經濟學裡「條件式的是非」——在某些條件下為「是」，在某些條件下為「非」——所以對考生黑白分明的論斷，我覺得有點可惜。

改完考卷沒幾天，剛好到高雄參加一個研討會；之後，和幾位學者專程到市政府拜訪財政和主計單位，找一些研究資料。兩個單位的首長都很客氣的親自接待，大家坐在一起談話。談著談著，主計處長談到「補助款」的問題，他舉了一個例子：上級政府對下級政府的補助往往指定用途；教育部就曾經透過省政府撥錢給各縣市的教育局，指定作為改善各國民小學廁所之用。

因為專款只能專用，所以只好把錢全部用在廁所上。結果，有的小學才剛修繕過廁所沒多久的，又把廁所打掉重建；有些偏遠地區的小學用補助款蓋了「五星級」的廁所，學生老師卻在搖搖欲墜的危險教室裡上課。

我以前也聽過類似的故事，但這次聽到同樣的情節，再聯想到改高考考卷的經驗，腦海裡好像有一個燈泡突然一閃，照亮了一些事物……

五星級廁所和百年危樓共存的景象當然有點荒謬可笑；不過，這多少算是後見之明的智慧。如果當初補助款不是專款專用，而是把同樣金額的錢撥給學校，由學校決定可以用到任何項目上；那麼，五星級的廁所可能不會出現，可是五星級的校長室、電腦教室、圖書館可能會取而代之。還是會有誤用浪費的情形，而且因為經費運用的自由度增加，所以誤用的情況可能更嚴重。

同樣的道理，如果把補助款撥給地方政府的教育主管機關統一調度使用，而不限於廁所或國小；那麼，不但補助款可能在龐大的教育預算裡失去蹤影，教育之外的其他單位也剛好可以要求教育預算維持不變，而把因為補助款所「多出來」的教育經費移給其他單位使用。不論是哪一種情形，最後把補助款用在「國小廁所」上的機會可以說是微乎其微，教育部最原始改善廁所的希望當然也就會完全落空！

「國小廁所補助款」的故事還隱含很深刻的一些含意：把補助款限定在改善國小廁所上，固然會造成一些「五星級廁所」的問題；可是，把補助款交給國小、教育局或地方政府自由運用，會造成其他結果雖然不同、但性質上一樣的困擾。因此，兩種作法各有各的利和弊，好壞之間就看利弊的比重和大小了。不過，更重要的，是利弊的大小和比重其實是和行政體系的各個環節有關。如果「國小」這個環節的水準很精緻，可以把錢交給國小來自由運用；如果「教育局」這個環節的水準很可靠，可以把錢撥給教育局統一調度。因此，利弊、好壞、是非，都是被相關的條件所襯托出來的——條件式的結論！

如果利弊、是非、好壞都是條件式的判斷，那麼，美醜、善惡、順逆是不是也是條件式的判斷？還有，統獨呢？

在故事裡，補助款「自由運用」是A，「專款專用」是A'；兩種作法，顯然都是利弊參雜。而且，利弊的組合，事實上是由環境裡相關的條件所決定。

結語

在這一章裡，我探討了幾種思維方式；主要是經濟學者在思索法律問題時，常用的技巧。蒲士納的假設性思維和財富極大、寇斯的單一主人和基準點分析法，以及我所琢磨出的A－A'，都有簡潔明確的特性；對於千奇百怪、難解難分的法律問題，都有馭繁以簡的作用。當然，運用之妙，在於多試多想；嫻熟之後，自然有無入而不自得的樂趣。

最後一點，這些思維方式，固然多半是技巧，無關價值判斷；不過，在較深層的意義上，也反映了經濟分析的基本精神。蒲士納所強調的財富極大，不只呼應寇斯的社會產值極大，也可以往上追溯到亞當斯密的《國富論》。對任何一個社會而言，使社會的資源愈來愈多，是人們長遠以來所追求的目標。另一方面，A－A'的結構，則是清楚的烘托出經濟分析所採取的「相對」立場；不同的物品、不同的價值、不同的遊戲規則，乃至於實現公平正義諸多不同的手段，都是在相對比較之下，才有意義。

以「夫妻有同居的義務」，論證先生有權搬進牽手租的房子同住，聽起來理直氣壯，但是仔細想想，真不知道是根據哪一種思維方式而來！

相關文獻：

1. Baxter, W. F., and Altree, L. R. "Legal Aspects of Airport Noise," *Journal of Law and Economics*, Vol. 15, pp. 1-113, 1972.

2. Coase, Ronald H. "The Problem of Social Cost," *Journal of Law and Economics*, Vol. 3, p1-44, 1960. Collected in *The Firm, the Market, and the Law*, Chicago: University of Chicago Press, 1988.

3. --------. *The Firm, the Market, and the Law*, Chicago: University of Chicago Press, 1988.

4. Epstein, R. A. "Holdouts, Externalities, and the Single Owner: One More Salute to Ronald Coase," *Journal of Law and Economics*, Vol. 36, No. 1, pp. 553-94, 1993.

5. Hsiung, Bingyuang. "On the Equivalence and Non-equivalence of James Buchanan and Ronald Coase," *Journal of Institutional and Theoretical Economics*, Vol. 156, No. 4, pp. 715-736, 2000.

6. Posner, Richard A. "Wealth Maximization Revisited," *Notre Dame Journal of Law, Ethics, and Public Policy*, Vol. 2, No. 1, pp. 85-105, 1985.

7. --------. *Economic Analysis of Law*, 5th ed., New York: Aspen Law & Business, 1998.

【第十一章】

豈只是明察秋毫而已

——法學裡的因果關係

前言

在某些工商業社會裡，打官司的成本愈來愈高；不只耗費可觀的人力物力，更重要的是往往曠日費時。對於分秒必爭的企業界來說，時間的成本愈來愈難以負荷。

因此，一旦發生糾紛，兩造往往避開司法體系，請公正且雙方都接受的第三者，以仲裁來決定是非。仲裁的特色之一，是在某些仲裁裡，仲裁者（arbitrator）只需遞出裁決，而毋須作任何解釋。相形之下，任何法治上軌道的社會，法官在判決書裡，除了列明判決，還必須敘明理由。這種作法，想來合情合理，但是在很多情形下，知易行難。下面的幾個事例，可以反映一二：

- 餐飲小吃店經常有小偷光顧，老闆在冰箱裡擺了幾罐飲料，裡面裝的是農藥。小偷果然光顧，偷走飲料；小偷的朋友喝了飲料，中毒而死。誰是誰非？
- 進香團一路燃放鞭炮，其中一串不巧落入路過的轎車裡。駕駛受驚，轎車撞入人群，造成死傷。誰對誰錯？

・甲乙丙三人到沙漠旅遊，乙在甲的水壺裡下毒，希望致他於死地；丙不知情，但是暗地裡把甲的水壺倒乾，甲終於渴死。誰有罪誰無罪？

・某位旅客因爲火車嚴重誤點，投宿旅館過夜；不巧，旅館發生大火，旅客的行李付之一炬，他向鐵路公司求償。誰該賠誰不該賠？

・某人養了一隻愛貓，寵愛無比；朋友之間開玩笑，告訴他愛貓被車撞死。他聽了之後心臟病發，當場過世。誰有責誰無責？

這些事例，有些是確實發生的官司，有些則是法學論述裡的假設情況。可是，無論眞假，一旦在法庭裡出現，法官在判決裡必須載明理由。法官的理由，當然和他認定的「因果關係」（causal relationship）有關。

在這一章裡，我將探討這個法學裡重要的主題之一。首先，我將說明傳統法學的見解；而後由經濟分析的角度，我將試著添增一些新的材料。

法學思維之一——歷史名案

在法學裡，關於因果關係的討論，可以藉著一件歷史名案來闡釋。「派斯葛芙太太訴紐約長島鐵路公司」（*Palsgraf v. Long Island R. Co.*）的官司，發生在一九二四年；對於侵權、行爲責任等概念，這件官司影響深遠。

當年夏天，某個週日的早上，紐約長島鐵路公司位於東紐約的車站裡擠滿了乘客，準備搭車到長島海灘遊玩。海倫派斯葛芙太太（Mrs. Helen Palsgraf）是一位離婚的職業婦女，她和兩位女兒也在月台上候車。

不久，當一輛火車慢慢駛離月台之際，突然有兩三個人抱著包裹，衝過月台，跳上火車。其中之一腋下的包裹，大概有三十多公分長、幾公分寬。他跳上火車的踏板，但是步履不穩。火車上的站務人員，伸手把他向車裡拉；月台上的巡守人員，從背後把他向車裡推。推拉之間，他手裡的包裹鬆開，掉落在鐵軌上，那是一大束爆竹。最後一節火車的車輪壓過爆竹，引發爆炸。

一聲巨響過後，月台上濃煙瀰漫，煙霧散去後大家發現，木製的月台被炸壞一大塊。月台上的一個體重計被震倒，壓傷派斯葛芙太太。當時，總共有十餘人受傷送醫，派斯葛芙太太不包括在內；可是，幾天之後，她出現口吃的症狀。醫生認爲，她的症狀是因爲受到巨響以及體重計撞擊的驚嚇。派斯葛芙太太提出告訴，控告鐵路公司；因爲站務人員的疏忽，造成她的傷害。她求償六千美金，相當於現在（2013年）的八萬美金。初審時，陪審團判定派斯葛芙太太勝訴，上訴法院維持原判；但是，紐約巡迴法院以四比三的票數推翻原判決，裁定原告敗訴，並且要承擔訴訟費用。

判決書的執筆者，是當時紐約巡迴法院的首席法官卡多若（Judge Benjamin N. Cardozo）。

卡多若後來成爲美國聯邦最高法院大法官，也是美國司法史上最著名的法官之一。派斯葛芙太太這件官司的判決書，就是卡多若最廣爲人知、也最有影響力的判決之一。當然，這個判決書赫赫有名，有以致之。

在傳統法學思維裡，有一個眾議僉同的原則，可以判斷事件的因果關係——「若非」原則（the but-for test）。在觀念上，「若非」原則很簡潔清晰：如果不是因爲 A，就不會有 B；那麼，A 就是造成 B 的原因，A 和 B 之間有因果關係。因此，在這章一開始所舉的例子裡，若餐廳老闆沒有在飲料裡下毒，小偷的朋友不會誤食而死；老闆的行爲是因，小偷朋友中毒而死是果。還有，在甲乙丙沙漠行的故事裡，若乙沒有在甲的水壺裡下毒，丙還是會把水壺倒乾，甲還是會渴死。所以，甲的死不是因爲乙下毒而造成，乙和甲之間因果關係不成立——當然，乙的行徑變成謀殺未遂。

但是，根據「若非」原則，雖然可以釐清「事實上」的因果關係，卻未必因此而界定了「法律上」的因果關係。事實上（factual）的因果關係，是客觀存在、是邏輯上的概念；法律上（legal）的因果關係，是法律所願意處理、所認定的概念。在派斯葛芙太太的官司裡，卡多若法官就一針見血的指出這兩者的差異。

根據「若非」原則，若鐵路公司站務人員善盡責任，出面制止那兩三位乘客勉強登車，爆竹不會落地爆炸，造成派斯葛芙太太的傷害。因此，若非鐵路公司的疏失，已經買票的派斯葛芙太太不會口吃乃至於失聲。鐵路公司和她之間「事實上」的因果關係，非常明確。可是，卡多若法官提出「可預見性」（foreseeability）的觀點，來評估鐵路公司的責任。他認爲，當事人的疏忽和過失，是相對於他的責任（duty of care）；而責任，是指「可以預見的責任」（duty of foresight）。對於不可預見情事，並無所謂的責任可言；沒有責任，當然就沒有所謂的疏忽或過失。對於紐約長島鐵路公司（的站務人員）而言，很難預料他們對旅客的協助，會使一包爆竹落地爆炸，再傷及在月台上的乘客，再引發乘客的口吃和失聲。

因此，即使在「事實上」，派斯葛芙太太的傷害和鐵路公司人員的行爲有關；但是，卡多若法官卻以「可預見性」，作爲檢驗因果關係是否在「法律上」成立的準則。從此之後，在類似的官司裡，這個「可預見」原則（the foreseeability doctrine）就成了許多法院援用的準則。

在這件官司的判決書裡，持少數意見的安卓法官（Judge Andrew），也提出了一個有趣的觀點。他認爲，一個人的行爲責任，是對社會上所有的人，而不是只針對特定的少數人（due care is a duty.....to protect society from unnecessary danger, not to protect A, B or C alone.）這種立場，剛好和卡多若法官的見解相左。卡多若法官認爲，一個人的責任，只及於「可以預見」的某些人；因此，是有限的、局部的責任。然而，安卓法官的看法，一個人（法律上）的責任，是對普遍的所有其他人。

關於卡多若法官的多數意見，有兩點值得強調。一方面，傳統見解的「若非」原則，主要是界定事實上的因果關係；他的「可預見」原則，則是明確的標示出法律上的因果關係。對於操作法律，這個原則突顯了思維上的一個著力點。另一方面，以「可預見」來界定法律所處理的範圍，固然綱舉目張；但是，「可預見」是一個主觀的概念，本身沒有明白的界限和範圍。對於「可預見」的內涵，不同的人很可能有不同的解讀。

無論如何，派斯葛芙太太的官司，造成法學見解的創新和突破。在事實上，這個因果關係很明確。

法學思維之二——NESS 原則

「可預見」原則，把法學思維往前推進了一步；可是，雖然這個原則在觀念上有啓發性，卻不是萬靈丹。

前面提到，餐飲店老闆在飲料裡下毒的例子；也許餐廳老闆「可以預見」小偷將中毒，可是他能預見小偷的朋友或小偷的朋友的朋友將中毒嗎？根據卡多若法官的「可預見」原則，小偷的朋友和朋友的朋友，可能都被排除在外；可是，根據安卓法官的「一般性」原則，餐廳老闆必須對社會上其他的、所有的一般人負責；小偷的朋友和朋友的朋友，顯然就被涵蓋在內。那麼，誰是誰非呢？

還有，在沙漠之旅的故事裡，乙在甲的水壺裡下毒，可以預見甲將中毒；可是，丙卻把甲的水壺倒乾，阻卻了乙的過失。根據「可以預見」原則，乙有責任；根據「若非」原則，乙的行爲和甲的死沒有因果關係。那麼，誰對誰錯呢？另一方面，「若非」原則本身，也有盲點。兩個例子，可以說明曲折。兩幢房屋分別起火，延燒到第三幢房子；屋主對兩幢房子的主人，同時提出告訴。可是，若非第一幢房子起火延燒，第三幢房子還是會被第二幢房子延燒；因此，根據「若非」原則，第一幢房子毋須負責。同樣的，若非第二幢房子，還有第一幢房子會延燒到第三幢；因此，根據若非原則，第二幢房子也沒有責任。結果，兩幢房子都沒有責任！

同樣的，朋友兩到野外獵狐，聽到聲響，同時對樹叢開槍；樹叢後哀叫一聲，一人中槍蹣跚而出。受傷的人身中兩槍，兩人都有責任。（如果只中一槍，又無法作彈道比對，會是另一個問題。）可是，根據「若非」原則，個別來看，兩人都不符合「若非」的條件。結論是，兩人都毋須負責。於情於理，都說不過去。因此，「若非」原則本身，也有操作上的盲點。

在法學研究裡，關於因果關係的討論，萊特（Richard W. Wright）曾發表一系列的文章；他所提出的 NESS 原則（Necessary Element of a Sufficient Set），是到目前為止，邏輯上最嚴謹的論述。簡單的說，萊特的企圖，是希望透過 NESS 原則，可以明確、清楚、精確的決定因果關係；而且，還可以避免「若非」原則所導致的謬誤，以及卡多若法官「可預見」原則的主觀性。說明 NESS 原則最好的方式，是經由兩個實例。

第一個實例，是實際上出現過的官司。兩部汽車在高速、喧囂的狀況下，同時和一輛馬車會車；汽車的聲音、速度、排出的氣體，使馬匹受驚狂奔，結果馬車受損而乘客受傷。第二個實例，也是一件官司。在上游的二十六家工廠，把汙水和廢料排放到一條溪中，下游的一戶人家，土地受到汙損，幾乎成為廢土。

根據「若非」原則，分開來看，即使沒有這一部汽車，還是有另外一部汽車，會使馬匹受驚。因此，每一輛車都沒有責任，也就是兩輛車都沒有責任；就像兩棟房子起火延燒或兩發子彈同時命中，兩者都沒有責任一樣。在汙染的例子裡，也是如此。若非這一家工廠，還有其他二十五家工廠，還是會造成汙染。因此，這一家工廠沒有責任，餘此類推。

根據卡多若法官的「可預見」原則，使馬匹受驚的車輛，可能都有責任，因爲可以預見會使馬匹受到驚嚇。可是，在二十六家工廠的例子裡，每一家工廠，都排放微量的汙染物；因此，可以預見，將不致於造成汙染，甚至使良田成爲廢土。二十六家工廠，家家如此；因此，都可以根據這種推論，置身事外。

萊特的 NESS 原則，正好可以一矯這些不合情理推論的缺失。NESS 原則，是指造成某種結果的「充分集合裡的必要條件」（the necessary element of a sufficient set）。仔細來看，這個原則有兩個部分：一是「充分集合」，一是「必要條件」。造成一種結果，通常有很多因素，包括當時的空氣、溫度、國民所得、物價水準等等。但是，其中有一部分因素，是無關緊要的。譬如，兩位汽車駕駛所穿的衣服，也是造成馬匹受驚嚇當時的條件之一；但是，衣服無關緊要，換一套結果還是一樣。

排除掉這些無關緊要的因素，剩下的就是引發結果的關鍵因素；而這些關鍵因素，可能同時有好幾套或好幾個組合（several sets）。每一個組合，都足以引發連鎖反應，造成最後的結果。每一個組合，就是萊特所謂的「充分集合」。因此，起火的兩幢房子、同時命中的兩槍、疾駛而過的兩輛汽車，都隱含兩個「充分集合」；任何一個充分集合，都足以導致事件最後的狀態。

在每一個充分集合裡，可以檢驗其中的「必要條件」；有了這一個或這些必要條件，才會形成這個「充分集合」。也就是，在各個充分集合裡，可以運用「若非」原則，檢視各個條件和所屬集合的關聯。在兩火、兩槍、兩車的例子裡，各有兩個充分集合，可以分別引發事端；而在各個充分集合裡，各火、各槍、各車，都符合「若非」原則，都是集合成立的必要條件。因此，各火、各槍、各車，都滿足 NESS 原則，也就是都符合成事件的因果關係。

另一方面，在二十六家工廠的事例裡，足以使良田變廢土的，可能是（譬如說）十三家工廠所排放的穢物。因此，有兩個「充分集合」，而每一家工廠，都是某一個充分集合裡的必要元素。也就是，個別來看，每一家工廠汙染的效果微不足道；但是，由 NESS 原則來看，每一家工廠都是導致良田變廢土的必要條件，應該對後果負責。

關於萊特的 NESS 原則，有幾項優缺點值得強調。首先，是優點的部分。第一個優點，就邏輯的嚴謹度而言，NESS 原則確實要比「若非」原則和「可預見」原則精密；對於思考法學問題、特別是千奇百怪的官司，NESS 原則有澄清和指引的功能。第二，NESS 的重要特色，也就是萊特的出發點之一，是希望針對各種事實（empirical factors），作平實的分析和推論；他希望討論因果關係時，能避開主觀因素（subjective factors），而停留在客觀的範疇（objective domain）裡。在這一點上，萊特的確大有斬獲；NESS 原則的操作，相當程度的避免了各種主觀因素的考量。

當然，在某種意義上，NESS 的優點，也正隱含了這個原則的缺點。第一，NESS 原則，邏輯嚴謹；可是，一般人（包括陪審團、律師、法官、乃至經濟學者）在面對問題和作成判斷時，往往並不是訴諸嚴謹的邏輯分析。譬如，在派斯葛芙太太的官司裡，根據 NESS 原則，鐵路公司（員工）的行爲，確實是「充分集合裡的必要條件」；但是，卡多若法官的「可預見」原則，雖然是以主觀判斷爲準，卻成爲多數法庭所援用的指標。

第二，在法律上，對於因果關係的討論，可以分成兩部分。第一部分，是在法律上，因果關係成不成立？第二部分，是如果因果關係成立，當事人各該負多少責任？譬如，文章一開始提到的例子：鞭炮使駕駛受驚，轎車衝入人群，造成死傷；聽到愛貓過世，貓主心臟病發過世；或者，走在人行道上，不小心被石頭絆了一下，手肘撞到路人的頭，路人是「蛋殼頭」（egg-shell skull），頭殼像蛋殼一般脆弱，因此碎裂和內出血。根據 NESS 原則，這些事件的因果關係都成立；可是，肇事者要負多少責任呢，NESS 原則卻幫不上忙。

當然，這種缺失，不只限於 NESS 原則；其餘的「若非」原則和「可預見」原則等，也都有類似的缺憾。因果關係成立與否，以及成立時的責任問題，是兩回事；NESS 和其他原則，毋須（或不應該）承擔太多的責任。在某種意義上，確實如此；不過，這也反映了，法學論述不容易一以貫之的特色。對於同一個主題——因果關係——不能以同一種分析架構，作全面而完整的分析。

也許，在這方面，經濟分析可以稍有可取之處；對於因果關係和其他眾多主題，經濟分析都是以「成本效益分析」從一而終！

成本效益和因果關係

經濟分析本身，就是對因果關係的探討。最基本的「需求定律」，就是典型的因果關係——若價格上升，則需求量減少；價格上升是因，數量減少是果。還有，各種統計迴歸，都是在辨認不同變數（不同因素）之間的互動關係。不過，就法學裡的因果關係而言，經濟分析所能提供的主要考量，可以由「工具」的角度著眼。工具，是人們為追求福祉所發展出來、所採用的各種方式、手段、作法。對於不同的問題，人們會運用不同的工具；當然，這就隱含了在取捨工具時，會有利弊得失（也就是成本效益）的考量。「因果關係」的概念，就是人們所發展出來的諸多工具之一；利用這個概念和相關的材料，人們希望能有效的處理某些問題。當然，把因果關係這個概念看成是「工具」，值得稍作說明。

原始社會裡，人們鑿木生火、結網捕魚、劈石為刃；鑿木、結網和劈石，都是在尋找適當的工具。不過，這些都是具體的工具，眼睛看得到，雙手摸得著。當人們進一步演化後，會有語言文字；語言文字是見諸於外的符號，而這些符號所呼應的概念思維，則是藏在人們腦海裡的材料。人們利用語言文字，以及所對應的概念思維，希望能追求福祉。顯然，在本質上，概念思維和石刀魚網一樣，都是工具。

澄清了工具的意義之後，接著可以考量運用工具時的各種特性。在大自然裡，達爾文歸納出「物競天擇，適者生存」的鐵律；在經濟活動裡，經濟學者也歸納出類似的體會：人類活動，趨吉避禍、趨利避害。用比較精確的詞句來描述，就是人們的行爲，會反映「成本低效益高」的特性。原因很簡單：同樣的成本，當然效益高比效益低來得好；同樣的效益，當然成本低比成本高好——不但有益於生存與繁衍，而且能更有效益的追求自身福祉。

人們在運用各種有形的資源時，會反映成本效益的考量；人們在運用其他抽象的概念時，自然而然的也會展現同樣的特質。關於「因果關係」的闡釋和運用，當然也不例外。具體而言，對於生活裡常出現的現象，一般人容易掌握清晰的「因果關係」；一般人，當然包括法律學者、經濟學家、法官和檢察官。對於生活裡少見的經驗，一般人不容易有明確的反應；這時候，只好訴諸其他類似的體驗。然後，藉著類比、對照的方式，希望也能有某種程度的掌握。由成本效益的角度來看，這完全合情合理。對於經常出現的經驗或現象，在腦海裡認知和儲存資料，都很容易；也就是，成本很低。可是，對於不常出現或過於曲折複雜的事例，要維持同樣反應能力，成本顯然很可觀。可是，生活裡的經驗，畢竟不完全是一再的重複或重播。當碰上偶發事件或複雜的情境時，人們除了以類比和對照來認知，往往也會以成本低的方式來處理和因應；譬如，以直覺或拇指法則（rule of thumb）來反應。

把「因果關係」看成工具性的概念，以及由成本效益的角度分析對工具的運用，可以具體的歸納出幾點特質。

首先，何慈利在《一以貫之經濟學》這本書裡，提到一個好的經濟學者，「除了注意直接的影響之外，會考慮間接的影響；除了注意局部的影響，會考慮全面的影響；除了注意短期的影響之外，會考慮長期的影響」。對於因果關係，也可以有類似的體會：除了注意直接的因果關係，還要考慮間接的因果關係；除了注意局部的因果關係，還要考慮全面的因果關係；除了注意短期的因果關係，還要考慮長期的因果關係；除了注意主要的因果關係，還要考慮次要的因果關係；除了注意明顯的因果關係，還要考慮隱晦的因果關係。

可是，由成本效益的角度來看，處理直接的、局部的、短期的、主要的、明顯的因果關係，成本低；處理間接的、全面的、長期的、次要的、隱晦的因果關係，成本高。根據需求定律「價量反向變動」的觀念，成本高的，少處理；成本低的，多處理。所以，在法學裡，會自然而然的傾向於處理成本較低的因果關係。卡多若法官的「可預見」原則，是明顯的例子——不可預見的因果關係，對當事人和司法體系而言，處理的成本都很高；所以，最好不要處理。

同樣的，在兩輛車高速蛇行，一輛撞上人，另一輛擦身而過。雖然兩輛車的行爲幾乎無分軒輊，可是所要承擔的法律責任卻有天壤之別；一個是過失致死，一個是違規駕駛。由成本效益的角度來看，合情合理；以「事後結果」來處理因果關係，司法成本較低。

事實上，當因果關係成立時，在善後的處理上，也反映了成本效益的考量。對於常出現的、明確的、直接的、顯著的權益，法律習於處理，也比較願意處理；對於不常出現、模糊的、間接的、隱晦的權益，即使因果關係成立，法律都比較吝於處理——因爲不嫻熟，所以處理的成本高；成本高，就少處理。利用一些事例，可以清楚說的明這種現象：蛋殼頭、聽到愛貓死而心臟病發而死、鞭炮嚇著駕駛而衝撞路人、下毒的飲料毒死小偷的朋友等等，在這些事例裡，因果關係都成立；但是，就是因爲太不尋常、太少見，所以在善後的拿捏上，就不容易有明確的取捨。因爲稀有罕見，所以沒有風俗習慣或其他的參考座標可以依恃；對一般人而言如此，對法庭而言也是一樣。

當然，比較抽象的考量，是因爲善後難處理（司法成本高），所以可能連帶影響對因果關係本身的解讀；也就是，因爲事後難處理，所以可能在某些事例裡，乾脆不承認因果關係，以降低司法成本。一個具體的事例可以反映這種考慮：二次大戰期間，美國曾經把日裔美國人集中管理。多年後，當年被隔離的日裔美人和後代子孤，提出告訴，認爲美國政府違法，侵犯基本人權。這件史實的因果關係非常明確，但是美國法院拒絕受理。最後，在柯林頓總統任內，由國會通過法案補償受害者，每人得到大約兩萬美元。這是以政治手段來處理，而不是以司法工具來處理。因此，對於法學裡的因果關係，經濟分析的第一點重要體會是：因果關係的概念本身，以及操作因果關係，都有成本效益的考量。

其次，在經濟分析的眼中，對因果關係不同的解讀，就像採用了不同的遊戲規則；而在取捨遊戲規則時，重點往往不在於已經發生的事——也就是手上的官司。相反的，重點往往在於哪一種遊戲規則，會在未來誘發出比較好的行爲因應和導致比較好的結果。因此，在認定眼前官司的因果關係時，法官不妨自問：以「往前看」（forwarding looking）的觀點著眼，如何闡釋因果關係較好？

譬如，小偷的朋友喝了下毒的飲料，如果餐廳老闆以「不可預見」的理由抗辯，結果成立；那麼，以後還會有類似的作法。可是，如果認定餐廳老闆有過失，就會遏止別人以後採取類似的作法。同樣的，認定丟鞭炮的人和汽車駕駛都有過失，以後進香團不會亂丟鞭炮；以後汽車駕駛經過類似場合時，會提高警覺，搖上車窗。還有，惡作劇的玩笑，使朋友心臟病發而死；如果以不可預見的理由抗辯成立，以後會繼續有不懷善意的玩笑。可是，如果認定無心的笑話也要負責，以後講笑話時會小心些；或許因此而減少了開玩笑的樂趣，但是也減少了惡作劇所帶來的惡果。

另一方面，旅客因火車誤點、投宿旅舍、發生大火、遭受損失；在這個例子裡，認定因果關係成立、而鐵路公司要負責，並不會改變鐵路公司的行爲。影響鐵路公司誤點的因素，主要是交通狀況、火車的機械狀況、天候、突發事件等等。旅客被耽擱而引發的糾紛，如果鐵路公司要負責，不會影響鐵路公司的營運行爲，但是鐵路公司會把額外的負擔轉嫁到一般乘客身上。而且，以後法庭要面對各種奇怪的求償事件，平白增加司法體系的負荷和司法成本。因此，「往向前」看的觀點，就不值得承認這種因果關係。

簡單的說，對於因果關係，經濟分析所能添加的第二點智慧，是「往前看」的視野：在斟酌因果關係時，值得評估不同的解讀，對未來的影響有何差別。

再其次，延續這個觀點：有些官司所涉及的因果關係太過特殊，未來再出現的機率微乎其微；這時候，顯然「向前看」沒有意義。所以，重點就值得回到「向後看」（backward looking），以妥善處理手上的官司爲主要考量。

在英國歷史上，曾經出現過一個特殊案件；雖然馬戲團採取了一切防範措施，完全沒有過失，但是大象還是意外踩死全英國最矮的侏儒。就因果關係本身而言，馬戲團沒有任何疏失，因此毋須承擔這樁意外的責任。但是，法院裁定，即使馬戲團沒有過失，對於侏儒的家屬，團方還是要賠償撫慰。因爲，未來再發生類似事件的機會非常小；即使再發生，還是有很大的空間可以轉圜裁量。因此，未來不重要；當未來不重要時，重要的自然是現在。

簡單的說，經濟分析對因果關係的第三點啓示，是關於極其特殊的事件：因爲未來再出現的機率太小，現在處置的方式就有相當大的彈性，而毋須受到考量未來的限制。下面的故事，是一些眞實的事例；事例很特殊，牽涉的層面很廣，什麼是適當的處理方式也確實令人困擾。

以父之名

西諺云：「家是心之所在。」（Home is where your heart is.）無論是華廈或陋室，心理上有歸屬感的地方，就是一個人的家；那麼，「父親」又如何來界定呢？父親，是一個心理上的名詞，還是一個生物上的名詞？對絕大部分的人而言，這兩者之間的差別，只是益智遊戲而已。然而，對於為數不多、但是和你我一樣活生生的人說，這兩者的差別卻是重要無比；用「刻骨銘心」來形容，一點都不為過。

這是真人真事：邁克離婚後，除了付贍養費，也定期付女兒的衣服、教育、渡假等費用。他覺得理所當然，且一直和女兒維持很親密的關係。可是，他和前妻間，似乎總有點說不出的疙瘩。檢驗DNA（Deoxyribonucleic acid，去氧核醣核酸）的科技普及化之後，他靈機一動，想驗一下女兒到底是不是自己的。

好心不一定有好報，檢驗結果出爐：他不是父親，女兒真正的父親，是前妻婚前的男友，婚後似乎還藕斷絲連。他怒火中燒，自己多年來的付出，原來是為人作嫁；自己是冤大頭、是白痴、有苦勞而沒有功勞。而且，雪上還要加霜，前妻即將和前男友（也就是女兒的DNA父親）結婚。他怒不可遏，向法院提出訴訟，請求停止支付女兒相關費用。法院的裁決，不折不扣是在傷口上抹粗鹽：雖然他不是真正的父親，雖然前妻和女兒真正的父親要結婚，可是他要繼續支付女兒的各項費用！因為，他是女兒法律上的父親（the legal father）！

由旁觀者來看，這不是有點荒誕無稽可笑，是不折不扣的黑色幽默嗎？真正的父親享受父女天倫之樂，由不相干的人付錢埋單！當然，如果這種情形只是個案，雖然令人同情，畢竟只是個案，不值得社會大眾多費心思。

然而，邁克的情形並不是個案！自從DNA的科技發達普及之後，一般人可在街角藥局買到測試包，用刮棒在自己和子女的嘴裡一刮，再把兩份樣本寄到檢驗中心；過不了多久，就會接到檢驗結果。令人驚訝的是經過測試，有百分之三十的父親發現，自己不是真正（DNA認定）的父親——自己哄玩抱捧的寶貝，真正的父親不是自己！

確定生物上的親子關係之後，麻煩往往才開始。邁克的例子，只是眾多類似的個案之一。他們覺得忿忿不平，且覺得被老天爺開了個不好笑的大玩笑。一旦知道真相，他們怎麼做都不對：如果繼續付錢，自己像傻瓜；如果法院同意，不繼續付錢，自己也好不到哪裡去——自己不再是法律上的父親，自然也無權定時探視子女，即使是從小一路呵護、夢寐所繫的小公主／小王子！

事實上，這也就是美國法院判決的著眼所在。由DNA所界定的，只是生物上的父子關係；可是，由養育互動所培養出的，是文化／社會關係上的父子關係。當DNA科技不發達時，這兩者往往合而為一；可是，當科技的進展，讓這兩者可以輕易區分開來時，法律所選擇的是後者。也就是，文化上所建立起的父子關係，要比生物上的父子關係更重要。特別是考慮到年幼子女的最佳利益時（the best interest of the child），生物上的父親往往不知所蹤，而文化上的父親通常就在子女左右。

這麼看來，不只「家是心之所在」，父／母親也是心之所在。人雖然是一種生物，但是「人」的主要內涵，已不再是由生物來充填和界定；DNA的重大貢獻之一，不是釐清生物上的關係，而是凸顯了非生物關係的重要！

結語

關於因果關係的探討，法學和經濟學有很大的歧異。在經濟學裡，因果關係是由眾多資料中歸納而得；因此，經濟學者對因果關係的掌握，主要是一些通則。對於特殊的個案，經濟學者能夠置喙的極其有限。相形之下，在法學裡，因果關係是由個案中抽絲剝繭而出，然後再類推適用到其他案例上。因此，法律學者是由個案中，提煉出通則，再以通則（各種法原則）去處理其他個案。

不過，雖然學科性質使然，法學裡和經濟學裡的因果關係，有些微妙的差異；他山之石，可以攻錯出火花和智慧。在這一章裡，我嘗試由經濟分析的角度，爲法學裡關於因果關係的探討添增些許的養分。

主要的見解，有兩點：首先，關於因果關係，「是否成立」和「成立之後則如何」，是兩大問題；在法學裡，這兩個問題通常是分開處理。在經濟分析裡，可以利用同一套思維架構，同時處理這兩個問題。第二，由經濟分析的角度，可以把因果關係這個概念，看成是一種（思維上的）工具；工具的內涵、功能、操作方式、利弊得失等等，自然會受到環境裡相關條件的影響。運用工具有成本效益的考量，運用因果關係這個概念時，當然也是如此。

蒲士納法官嘗言：「對公平正義的追求，不能無視於其代價。」同樣的，在追求明察秋毫和明鏡高懸時，也不能無視於其代價。

相關文獻：

1. Cooter Robert and Ulen, Thomas. *Law and Economics*, 3rd ed., Glenview, Ill.: Scott, Foresman, 1998.

2. Harris, J. W. *Legal Philosophies*, 2nd edn., London: Butterworths, 1997.

3. Hazlitt, Henry. *Economics in One Lesson*, New York: Arlington House, 1979.

4. Kaufman, Andrew L. *Cardozo*, Cambridge, MA: Harvard University Press, 1998.

5. Owen, David G. ed. *Philosophical Foundations of Tort Law*, Oxford: Oxford University Press, 1995.

6. Posner, Richard A. *Cardozo: A Study in Reputation*, Chicago: University of Chicago Press, 1990.

7. ----------. *Economic Analysis of Law*, 5th ed., New York: Aspen Law & Business, 1998.

8. Wright, Richard W. "Once More into the Bramble Bush: Duty, Causal Contribution, and the Extent of Legal Responsibility," *Vanderbilt Law Review*, Vol. 53, No. 3, pp. 1071

【第十二章】

正義和效率

——法學和經濟學的對話

前言

蒲士納法官曾經寫過一本書，書名爲《法學與文學》（*Law and Literature*）。書出之後，廣受好評；我買到的版本，已經是第一版平裝本的再刷。

在書的前言裡，蒲氏開宗明義，闡明書名的意義。一方面，在文學和藝術裡，有太多的情節都和法律有關。譬如，莎士比亞的劇本裡，威尼斯商人的故事扣人心弦，就是關於債務糾紛的曲折；還有，著名的電視影集《法網恢恢》，男主角是一位遭人構陷的醫生。類似的例子，不勝枚舉。因此，文學作品裡的法律問題，是值得探討的材料。另一方面，司法的運作，有很多部分和文學密不可分。訴訟的文件、兩造的論對、律師的揮灑、乃至於判決書的轉折起伏，都充滿了修辭、論述、揣摩、想像、暗示、隱喻的空間。因此，由文學的角度來審視和檢驗司法活動，顯然可以爲法學研究添增許多養分。

不過，如果「法學和文學」像是一朵綻放的鮮花，「法學和經濟學」（Law and Economics）——也就是

「法律經濟學」或「法律的經濟分析」——可就是一望無際、美不勝收的花海。在深度和廣度上，經濟學和法學的關聯，已經遠遠超出其他學科和法學的互動。在這一章裡，我將針對經濟學和法學裡的兩個核心概念，「效率」和「正義」，嘗試說明經濟學和法學的關聯，以及法律經濟學成爲當今顯學之一的原因。

我所要描述的故事，主軸其實很簡單，值得先交代清楚。要闡明正義和效率的關聯，可以把人類歷史分成三部曲：因爲環境裡的條件使然，因此在第一部曲裡，只有「正義」的概念，而幾乎沒有「效率」的蹤影。在第二部曲裡，「正義」和「效率」的概念，並行不悖。在第三部曲裡，由「效率」的角度闡釋「正義」，可能是最好、最合乎正義的作法！

切割歷史

在《權力的剖析》（*The Anatomy of Power*）這本書裡，作者蓋爾布萊茲把權力分爲三類：懲罰、補償和說服（condign, compensatory, and conditioned powers）。在人類歷史的各個階段裡，這三種權力的表現形式和內涵，都有明顯的差別。在《二十一世紀資本主義》這本書裡，作者海伯納則是把人類歷史分爲三個階段：傳統、封建和現代（traditional, command, and modern societies）。各個階段裡，一般人生活的形式和內涵，也大不相同。

可見，劃分人類歷史，有很多種方式：依作者目的和著作重點上的差別，可以作適當的切割。在這篇文章裡，我的目的是要闡明正義和效率，也就是法律和經濟的聯結。爲了突顯這個主題，我把人類歷史分成三個階段：原始社會、傳統社會、工商業社會（primitive, traditional, and industrial societies）。

在這三種社會裡，人們所面對的問題，有明顯的歧異；反映在「正義」這個概念上，當然也就各有所重。面對不同的問題，採取不同的工具，以發揮不同的效果；在觀念上，這個道理很淺顯。

第一部曲：原始社會

原始社會開始的時間，很難界定；但是，原始社會結束的時刻，卻相對清楚。當人類發展農業、進入農業社會，並且以農業爲主要生活方式之後，原始社會就劃下句點，走入歷史。

原始社會的生活方式，大致上是以狩獵爲主，也可能有一部分的游牧；基本上，已經採取群居的生活型態。原始社會的特色有很多：群居的人數不太多，人們對大自然的了解和掌握很有限；彼此所擁有的資源也很貧瘠，手裡的工具也不多；人際關係簡單，可能散居在一個小環境裡。不過，無論是狩獵、游牧或其他生活方式，原始社會顯然面對兩個大問題：生存（survival）以及和平共存（peaceful co-existence）。生存，主要是相對於自然環境；和平共存，主要是相對於彼此。

生存，是人類所要面對的永恆考驗。但是，在原始社會裡，人類剛褪去猿猴的外衣不久，即使已經掙脫和其他物種的競爭，還是要面對大自然嚴苛的試煉。而且，人的能力渺小脆弱，對環境的掌握又很有限。因此，生存，依然是統攝一切的最重要考量。其次，群居的生活型態，意味著人們共同面對周遭的環境，一起解決生產、消費、儲蓄、保險等等問題。因此，在共同生活裡，自然而然會有摩擦、衝突、糾紛；還有，意外、誤會、圖謀也都會導致是非。如果不處理這些問題，群居的人無法和平共存；輕則紛擾終日，重則傷害到彼此的生存。

簡單的說，在原始社會裡，當然也有法律問題，而處理這些問題，顯然會受到當時環境裡條件的限制。考慮當時的主客觀條件，有兩點值得強調：首先，「正義」的概念，會自然而然的發展而出。因爲要和平共存和繁衍下去，所以必須處理各式紛爭。而由各式處理糾紛的方法裡，人們逐漸發展出正義的概念；正義，是人們自己琢磨出來的體會，而不是天上掉下來的賞賜或先聖先哲的開示——先聖先哲本身是一種奢侈品，而在原始社會裡，只有必需品。

其次，在原始社會裡，操作「正義」的主要驅動力，是「成本」的考量。因爲資源匱乏，因爲人對環境的掌握力有限，因此只需要有原始、粗糙、簡單的「正義」。無論是在程序或實質上，都是以成本低的方式來因應。譬如，以「完全責任」（strict liability）來處理意外或糾紛，是最省事而明快的方式，因爲須要搜集的資訊最少，須要檢驗判斷的證據也最少，須要執行的事項也最少。還有，原始社會裡，通常是採取「連帶責任」（shared responsibilities），有血緣關係的人，對彼此的行爲榮辱與共。在小環境裡，連帶責任有事前興利（避免糾紛）的特性，又有事後除弊（化解糾紛）的特質。因此，能有效的處理各種紛爭。

無論是連帶責任或完全責任，以及其他的正義概念，都可以由「成本」的角度，作合情合理的解釋。對原始社會來說，無論是維生或和平共存，都會以成本最小的方式來處理。在物質條件困窘的環境裡，如果能節約資源，自然有助於生存和繁衍。成本，當然是經濟學的重要概念之一。而由成本的角度能有效解讀原始社會的正義，證明了經濟分析應用範圍確實廣闊。蒲士納的論文〈原始社會的經濟解釋〉（An Economic Theory of Primitive Society），成爲法律經濟學的經典之一，可以說有以致之。

不過，蒲氏的論文，也引發了一些相關的思維。首先，在思索原始社會的法律問題時，「成本」的概念可以提供一個明確的脈絡；然而，在經濟學裡，成本低隱含效率高，但是「成本」並不等於「效率」。「效率」，是經濟活動大幅度增加之後，才發展出的概念。在原始社會裡，經濟活動很簡單，效率的概念還沒有出現。以成本的概念解讀原始社會，平實自然；以效率的概念解讀原始社會，扞格牽強。

其次，正義的概念，主要是處理已經發生的問題，也就是具有一種「事後」（ex post）的性質。殺人者死、完全責任、連帶責任等等，都是關於糾紛發生之後，如何處置的方式。相形之下，在經濟活動裡，買賣交易的特質，並不是事後的除弊或善後，而是在於興利。因此，至少在原始社會裡，效率的概念，所能發揮的空間很有限。

最後一點，「公平」（fairness）的概念和正義的概念有交集，但是並不完全相等。公平，可以隱含事前的意義。譬如，部落裡的男生，每個人都可以追求酋長的女兒，這是公平，不是正義。另一方面，公平也可以隱含事後的意義。譬如，狩獵得來的收獲，平均分給每一個參加狩獵的人，這主要是公平，不是正義。由此可見，「正義」的概念，主要是由除弊所發展而來；因為在事後要處理已經發生的糾紛、意外、傷害，所以會發展出一些相關的作法，以及這些作法所隱含的抽象概念。

總結一下，原始社會裡，也有各式各樣的法律問題；因為主客觀條件上的特性，正義的內涵和形式，都是以低成本的方式來運作。

第二部曲：傳統社會

人類歷史的第二階段，是以農牧為主的傳統社會。這個階段，始於原始社會的結束，終於工業革命的發軔。

傳統社會裡的特色，可以和之前的原始社會及之後的工商業社會作一對照。在原始社會裡，主導的力量是大自然；在工商業社會裡，經濟活動是主角，但是背後的驅動力則是科技的發展。在大自然和科技條件之間，就是人類自己；而在傳統社會裡，決定榮枯的，事實上就是這個因素。在諾貝爾獎得主諾斯的大作《西方世界的崛起》（*The Rise of the Western World*）裡，他對歐洲大陸的描述，可以說是自然生動而精確深刻。

在十六世紀以前，歐洲大陸的榮枯彷彿是被一種宿命論式的循環所支配；而「人口數的多寡」則是主導這些循環的唯一因素：在當時以農業爲主的經濟體系裡，人口持續的增加之後，原有的耕地不敷使用。所以，較偏遠的土地會逐漸被開墾生產，但是這些次等耕地的生產力較差。因此，伴隨著人口增加的，是每個人的平均所得下降。平均所得下降隱含的是生活品質較差。每個人能攝取的養分慢慢減少，人的抵抗力也因而下降。因此，人口密度上升加上抵抗力減弱，剛好就爲饑荒、瘟疫、戰禍、革命等天災人禍提供最有利的條件。

當幾十年、甚至上百年的饑荒、瘟疫和戰亂掃除了大量的人口之後，另一個循環於焉展開：人口減少之後，可以放棄較差的土地，農業生產力上升，每人實質所得增加，營養改善，人口開始膨脹——一直到下一次大自然再作無情的淘汰爲止。人，掙脫不了自然條件的束縛。

在這種傳統社會裡，正義和效率的微妙關係，可以藉著一件有名的官司來說明。牛津大學的易伯生教授（David Ibbetson），在二〇〇一年升爲民法講座教授之後，發表三次演講；演講的主題，就是環繞著這個官司——「派瑞當訴詹恩案」（*Paradine v. Jane*）。

一六四〇年左右，派瑞當把一塊農地租給詹恩，契約裡載明，地租每年分成四次繳，都是以各季的節慶爲準。契約生效後不久，德國魯普耳特王子（Prince Rupert）率軍入侵英國。詹恩所租的農地，先是成爲大軍壓境的戰場，然後變成王子的軍營所在。前後有三年的時間，詹恩束手無策，無從耕種營生。因此，他拒繳地租；地主派瑞當，訴之於法。

英皇法庭作成判決，原告地主派瑞當勝訴，承租人詹恩必須繳納地租。判決裡的理由，主要有兩點：第一，即使是戰亂，使詹恩無從耕種收益；但是，契約裡只列明他租地、要付地租，並沒有除外或但書的約定。因此，契約裡沒有載明的權益，法律無從保障（the law would not protect him beyond his own agreement.）。第二，在簽約時，地主並沒有以脅迫或威嚇的方式，造成詹恩不得不租。因此，地主在契約裡的權益，應當受到保障。

由「正義」的角度來看，這個判決可能有相當的爭議。既然承租人迫於情勢，事實上無法耕種，而且責任不在他；因此，強要他依約繳租，並不合理。而且，承租人在經濟上通常是弱勢；濟弱扶傾，比較合乎正義的理念。不過，由「效率」的角度來解讀，這個判決隱含許多正面的意義。

首先，在這件官司裡，承租人遭受意外損失；但是，在其他的事例裡，承租人可能得到意外的利益（譬如，天候特佳、風調雨順，有罕見的豐收；或者，英國其他地方乾旱，市場缺糧，所以承租人大發利市）。可是，在這些情況下，承租人毋須多繳租金。因此，租約本身就含有不確定性、有某種程度的風險，值得由承租人一體承受、不分利害。如果承租人不願意承擔風險，可以在簽約時載明；當然，讓承租人擔負的風險愈小，表示出租人所要承擔的風險愈高，租金自然也會相對提高。租金的高低，本身就和風險分攤有關。

其次，契約如同買賣，雙方互蒙其利。契約一旦履行，雙方都可以在契約完成的基礎上，進行下一波的經濟活動，創造出更多的資源和財富。在這件官司裡，如果可以不付租金，那麼受到損失的不只是承租人（無法耕種收益）；地主本身毫無過失，卻也受到拖累。相反的，如果承租人要付租金，至少地主由契約中得到利益，可以進行下一波的生產性活動。因此，與其兩者皆輸，不如一輸一贏，也就是少輸多贏。

最後，很重要的一點，是司法成本的問題。如果承租人詹恩勝訴，以後他和其他承租人，在簽約時，不會多小心、預爲之計。而且，如果這個理由成立，其他各式各樣的理由也會紛沓而至；當法庭面對千奇百怪不履約的理由，要如何判斷哪些合理哪些不合理？不論合理與否，顯然都要耗用可貴的司法資源。可是，如果判決承租人詹恩敗訴，他和其他的承租人，以後會仔細琢磨契約裡的各種條款；對於未來的簽約雙方，將產生積極正面的宣示效果。而且，這麼一來，未來的官司會因而減少；法官也毋須以人爲神，爲稀奇古怪的抗辯理由傷神。

因此，就這件官司本身而言，判決承租人詹恩要付地租，可能令人覺得不盡情理，也就是違反一般人直覺上的正義理念。但是，一旦把時間拉長，考慮社會長遠的利益；無論在實質正義和程序正義上，都有不同的含義。而且，往前看（forwarding）、重複賽局（repeated game）、長遠利益（long-term interest）的概念，顯然都摻有「效率」的成分，而不只是單純的正義而已。

總而言之，在傳統社會裡，隨著經濟活動逐漸頻仍，「正義」的內涵裡，已經自然而然的滲入了「效率」的成分。

第三部曲：工商業社會

近代的工商業社會，是由十八世紀的工業革命揭起序幕；然後，科技上一連串的發明，使人類逐漸掙脫大自然和人口的束縛。在某種意義上，「天空才是極限」（sky is the limit），反映了這個階段裡人類的信心和對未來的憧憬。

工業革命之後，在人類社會裡還是有綿延不斷的衝突、戰禍；大自然所帶來的災害，還是造成某些地區重大的損失；區域之間發展速度不同，使得很多區域還是在貧窮和匱乏裡掙扎。但是，這一切都無損於工業革命對人類造成的巨變。地球上的人口快速增加，死亡率下降，都市化所涵蓋的人口和區域愈來愈可觀；而且，已經有相當的人口，享受了高度的物質文明。和原始社會以及傳統社會相比，工商業社會相去眞是不可以千萬里計。

當然，形成巨變的驅動力，是工業革命徹底的改變了生產方式；機器取代人力獸力，而且使大量生產成爲可能，而量產又誘發出一連串的連鎖反應。量產使產品價格下降，交易量上升，利潤增加，產能擴充，就業增加，所得上升，消費能力提升，企業家又開發出更多的消費品，市場擴大。透過經濟活動，工業革命帶來滾雪球般的效應；工業革命釋放出巨大的能量，而經濟活動則是把那股能量轉化成各式各樣的可能性。經濟活動，已經成爲主導社會發展軌跡的力量。

在這種背景下，經濟活動所產生的糾紛，以及經濟活動所隱含的思維，當然會不斷的充塡「正義」這個名詞。就像在原始社會裡，正義的內涵會受到當時環境條件的雕塑；同樣的，在以經濟活動爲中心的時代裡，正義的內涵也會受到類似的塑造。艾普斯坦（Richard Epstein）教授的一篇論著，可以作爲適當的註腳。

艾普斯坦是芝加哥法學院的講座教授，受傳統法學訓練；他早期的論著，對經濟分析持排斥否定的態度。但是，慢慢的，他覺察到經濟分析的優點，最後終於覺今是而昨非、立地成佛。在一九九三年，他發表了一篇論文，〈拿蹻、外部性和單一主人：對寇斯再致敬禮〉（Holdouts, Externalities, and the Single Owner: One More Salute to Ronald Coase）。

根據寇斯定理，當兩造發生衝突時（上游的工廠汙染了下游的工廠），可以利用「單一主人」的概念。假設上下游工廠的主人因相愛而結婚，或上下游工廠由同一主人所擁有；那麼，兩者的利益不再彼此衝突。這時候，就找出最適當的作法，使結合之後的利益愈大愈好。

可是，艾普斯坦以「越界侵占」（encroachment）爲例，說明「單一主人」的技巧有時而窮。兩地相鄰，其中之一在建築時，不小心越界侵占鄰居的土地，而且可能只有幾公分。要拆掉房子重建，顯然大費周章。那麼，依「單一主人」的思維，如果兩地爲同一主人所有，自然容許或原諒無心之過；毋須拆屋，但是越界者要提出適當賠償。可是，在實際的案裡，一旦有越界侵占，法院通常要求「回復原狀」，迫使越界者主動和鄰居協商，取得同意；有時候要付出可觀的代價，甚至可能眞的要拆掉重建。因此，艾普斯坦論證，越界建築的事例，說明寇斯定理有其侷限，這也同時是以經濟分析研究法學問題的極限。

然而，艾普斯坦對經濟分析的了解，畢竟稍欠火候。單一主人的思維方式，不只注意短期的利益，更會考量長遠的利益。因此，如果容許侵占、要求補償，這等於是放出訊號：所有相依爲鄰的地主，都可以先占鄰地，再補償了事。長遠來看，這當然不是好的處置方式。要求越界者回復原狀，才能形成適當的誘因，使長期的利益得以實現。因此，艾普斯坦對經濟分析的闡釋，不夠深入；對問題的分析，也有欠周詳。當然，更重要的，是越界侵占這個法律問題和裁決，隱含微妙但含義深遠的意義。

首先，針對已經發生的越界侵占，「回復原狀」的成本很高；相形之下，「就地合法、賠償了事」，是成本最低的方式。但是，追求短期的眼前利益，卻會傷害長期的未來利益。著眼於長遠的利益，有時候就値得犧牲眼前的利益。而長期和未來的利益，和「正義」這個概念的連結比較模糊，卻能和「效率」這個概念直接呼應。

其次，越界侵占的人和被侵占的人，在經濟或其他條件上，並不必然有高下強弱之分，所以法庭在斟酌時，毋須面對「平衡」、「矯正」等等考量，而只要針對事件本身來斟酌損益；採取哪一種判決，長遠來看比較有意義？也就是，在思索越界侵占這個問題時，當事人的身分、社會地位、經濟狀況等等因素，都無關緊要，都不是考慮的重點；這些因素，都可以退居幕後。法庭所要取捨的，是這個問題在時空中的意義。手上的官司，只是啓發思維的引子而已；一旦抽象的考量到這個問題在時空中的意義，顯然已經超越了正義原始的含意。

再其次，在原始社會裡，操作正義這個概念時，成本的考量非常重要，因爲資源非常匱乏。在傳統社會裡，派瑞當和詹恩的租地糾紛，法庭是以契約本身爲思維重點：地主派瑞當沒有違約，承租人詹恩沒有事前提出除外條款。因此，契約本身，提供了裁判時明確的基準點。契約裡有什麼，就是什麼。法律的功能，是在於保障契約的踐履。但是，在越界侵占的事例裡，回復原狀和就地合法是兩個明顯的基準點；由正義的角度看，並沒有明白的高下。可是，一旦採取效率的觀點，考慮長遠的利益，高下立判——回復原狀較好！

最後，由效率來充塡正義的內涵（justice as efficiency），使正義的意義非常清晰。正義，就是長遠來看，能誘發出好的作爲、好的價値、創造出更多資源的那種作法。至於哪些作爲能產生這種效果，就是由人的實際活動中萃取智慧。當經濟活動成爲人類社會的重心，當市場的規模愈來愈大，「效率」的概念自然衍生而出；比較有效率，同時意味著比較好，比較理想。因此，由效率來定義「正義」，或由效率來闡釋「正義」，不僅使正義的內涵更爲清楚明確，而且也呼應環境裡的相關條件——就像在原始社會裡，正義的內涵和形式都和成本密不可分一樣！

簡單的說，越界建築的事例，不但沒有突顯經濟分析的窘困，事實上正好證明經濟分析的優點所在。在思索法律問題時，經濟分析會利用經濟活動所透露出的邏輯和思維，以及由經濟活動中萃取出的智慧；以這些材料爲依據，作爲最後取捨的依據。畢竟，「正義」的概念，是要用來處理實際問題；以人類的實際行爲作爲座標，要比以抽象的道德哲學爲座標，務實可靠得多！

會抓老鼠的貓，才是好貓；在以經濟活動爲主導力量的世界裡，道德哲學能夠逮住的老鼠極其有限。

回顧和啓示

在前面幾節裡，我分別描述了人類歷史上的三個階段，以及「正義」和「效率」的階段性內涵。這個論述過程，值得稍作回顧，並且試著萃取其中的意義。

在原始社會裡，人類面對最大的考驗，是求生存；對於生活中的糾紛，會尋求以低成本的方式來處理。在傳統社會裡，人們在大致穩定和熟稔的環境裡，試著透過經濟活動發展出互惠的交易網絡。「正義」的內涵，已經開始有「效率」的考量。工業革命之後，人類的經濟活動，漸漸成為主導社會脈動的力量；在經濟活動中所強調的「效率」，也自然而然的變成規範人際互動的主要原則。由效率來解讀正義，可能最符合環境裡的需要和人們的期許。因此，在這個三部曲裡，牽涉到「成本」、「效率」和「正義」這三個概念。關於成本和效率，以及這兩個概念之間的差別，值得仔細推敲。

首先，成本反映的，是為了追求或實現任何目標所需要承擔的代價。譬如，希望市容整潔，要動用人力物力來清掃維護；渴望事業成功，要投入可觀的精神和心力。無論是追求任何價值，都要付出具體或抽象的資源。正義，是眾多價值之一；對於正義的求取，顯然也有成本的考量。

其次，既然追求任何價值，都有對應的代價；換一種說法，就是成本也可以反映在許多不同的價值裡。譬如，少小不努力，老大徒傷悲；傷悲，是一種情感上的成本。或者，樹欲靜而風不止，子欲養而親不在；歉疚和罪惡感，是一種心理上的成本。幾乎在任何一種價值裡（眞善美、誠實勤勞節儉、公平正義等等），都隱含著對應的成本。再其次，既然眞善美等各種價值，早就存在於人類社會；因此，所對應的成本概念，也有同樣悠久的歷史。省事、方便等等用語，都婉轉的表達了成本的概念。成本，和人類活動密不可分。人類的歷史有多久遠，成本存在的歲月就有多漫長。

相形之下，效率的概念，不過是近幾百年來的產物；在工業革命之後，大規模生產逐漸出現；經濟活動的程度和範圍，大幅度的增加，透過市場交換的財貨服務，在數量和金額上，遠遠不是原始社會或傳統社會裡的人所能想像。關於效率，經濟學者眾議僉同的定義，是「巴瑞圖效率」（Pareto efficiency）。這個定義，有兩個部分：如果由 A 變爲 B，不會傷害任何一個人；但是，卻能使一個或一個以上的人得到好處。那麼，由 A 變爲 B，就符合「巴瑞圖條件」（Pareto improvement）。

就事論事，推展任何公共政策，很難滿足巴瑞圖條件。因爲，要不傷害任何一個人，幾乎無法想像。不過，如果放棄了巴瑞圖條件，就隱含至少有一個或一個以上的人會受到傷害；那麼，這一個人所受的傷害，一定小於其他人得到的好處嗎？把比爾蓋茨的錢充公，平分給其他人，以造福蒼生，好嗎？可以嗎？因此，爲了避免觸及這種難題，在考量效率時，經濟學者以巴瑞圖條件爲底線。

可是，一旦討論到實際的問題，巴瑞圖所定的效率，事實上沒有操作的空間。因此，經濟學者往往退而求其次，以其他的方式來界定「效率」。譬如，寇斯是以「社會產值極大」，反映效率；蒲士納法官，則是以「財富極大」的概念，反映效率。

以「社會產値極大」或「財富極大」的想法，來充塡「效率」這個概念，有幾點重要的含意。第一，無論是產値或財富，基本上都是以金錢和貨幣來衡量。金錢和貨幣所衡量的價値，是很特別的一種價値，而且是眞善美等諸多價値中的一種。也就是說，效率通常和金錢貨幣聯結在一起，而和其他的價値沒有牽扯。這和「成本」的情形，顯然大不相同。第二，金錢和貨幣，當然主要和經濟活動密不可分。效率和金錢貨幣關係密切，也就隱含著和經濟活動關係密切。可是，人類歷史上，金錢貨幣已經存在幾千年，爲什麼「效率」的字眼，在工業革命之後才逐漸風行，成爲日常用語的一部分呢？

因爲，工業革命之後，人們逐漸可以透過掌握科技，而開展各種可能性。人們的考量，不再是「以最小的成本，達到設定的目標」；取而代之的，是如何以同樣的能源，發揮最大的效能」。效率，隱含了更高、更遠、更快、更大的企圖和目標；同時，也隱含了以有形和有限的資源，去探索和實現無限的可能。粗糙的說，成本意味著「除弊」，而「效率」則反映著「興利」。除弊，是在既有的框架裡斟酌損益；興利，則是掙脫既有的框架，攫取夢想裡的果實。第三，成本和效率的對照，也突顯了守成和開創的差別。成本的概念，通常反映著目標既定、節約人力物力等資源。效率的概念，則透露出對更多更大的追求。因此，效率隱含著「向前看」的視野；以手中的資源，創造最可觀的未來。

一個例子，可以反映成本和效率之間、微妙的曲折。一公升汽油能跑多遠的路？這是各大汽車廠研發新的車型時，念茲在茲的考量；在激烈的競爭下，每公升里程數不斷攀升。在描述這個事例時，一般人會用「效率」的字眼，但是不會由成本來解釋。可是，換一種描述方式，成本的概念就躍然而出：跑一公里的路，最少的油耗量是多少？然而，即使是一體的兩面，是對於同一件事的兩種描繪方式，可是這個事例也透露了，成本和效率的著重點不同。

效率，是放眼於追求未定的、不可知的果實；成本，是盯住手裡的資源，小心翼翼。因此，寇斯的產值極大和蒲士納的財富極大，都是著重在攫取和實現潛在的利益。當然，什麼是「極大」，誰也不清楚，因爲未來有各種的可能性；但是，這兩個概念，都突顯了效率「往前看」的特質。可見得，產值極大和財富極大的概念，會成爲衡量效率的尺度，會成爲經濟分析的重要工具；效率，會在工業革命之後，成爲重要的日常用語；這些，都不是偶然。

在第三部曲裡，是由效率的角度來解讀正義。由這種角度來闡釋正義，主要有兩層含意。一方面，對於「正義」的實質內涵及演變，提出一種合情合理的解釋；使正義的內容更爲豐富，也強化了正義的重要性和必要性。另一方面，對於正義和效率的關聯（也就是法學和經濟學的關聯），由人類歷史中建立起自然而然的呼應；這可以使法學有更紮實的理論基礎，也擴充了法學所能汲取養分的泉源。

具體而言，經濟分析自許爲實證科學，以實際的社會現象爲材料，有嚴謹的行爲理論爲基論。經由前面的聯結，法學核心的「正義」，不只可以得到經濟分析的支持，而且可以完完全全享用經濟分析一以貫之、所向披靡的火力。法學，可以不再立基於想當然耳、一廂情願式的道德哲學，而是以經過試煉的行爲理論爲依恃和靠山。而且，行爲理論，是由人的實際行爲歸納而得出；因此，在面對日新月異的新生事物時，法學不再會有捉襟見肘、以抽象的規範性概念來應戰的窘境。利用過去的行爲中所歸納出的智慧結晶，至少能對新生事物作適當的延伸和比擬。

抽象的來看，這表示正義的內涵，隨著時空條件的改變而與時俱進。「正義」，是人們爲了處理某些問題所發展出的工具；在不同的環境裡，這個工具的名稱一直被保留下來——因爲一直有同樣或類似的問題需要處理——但是，名稱底下的實質內容，卻被充塡了不同的材料，因而雕塑出不同的樣貌。

簡單的說，由人類歷史的過程，建立「正義」和「效率」的關聯，比較順其自然，也比較合情合理，比較有說服力。

結語

在這一章裡，我嘗試搭建起「效率」和「正義」之間的橋梁；如果能在效率和正義之間建立明確的關聯，自然也就意味著經濟學和法學之間，有同樣密切的關係。

前面的論述，有幾個層次。第一個層次，是我把人類歷史粗分爲三個階段：原始社會、傳統社會、工商業社會。各個階段裡，都要處理人間的糾紛和衝突；但是，各個階段的條件不同，法律的著重點也就不同。

第二個層次，是我以「正義」爲主軸，指出這個概念在不同階段裡不同的意義。在原始社會裡，實現正義的最大考量，是設法降低成本。在傳統社會裡，隨著商業活動的開展，效率的考量漸漸滲入正義的內涵。在工商業社會裡，經濟活動成爲主導社會脈動的力量；效率以及「往前看」的特性，明顯的賦予正義許多實質、可以操作的內涵。

第三個層次，是論述所透露、意在言外的意義。既然在不同的階段裡，正義被賦予、被充填不同的內涵，這表示「正義」確實是一種工具性的概念，而不是目的本身。人類需要「正義」這個概念（這個工具），以處理某些問題；當時空條件不同時，自然需要不同的工具。由這種角度來認知正義，不但比較平實，而且隱含非常積極和正面的意義。法學研究者，值得體會正義的階段性功能，並且嘗試捕捉正義最適當的內涵。

一言以蔽之，正義和效率都是人們在演化過程裡，爲了生存和繁衍所發展出來的概念。連結了正義和效率，也就連結了法學和經濟學！

相關文獻：

1. Epstein, Richard A. "Holdouts, Externalities, and the Single Owner: One More Salute to Ronald Coase," *Journal of law and Economics*, Vol. 36, pp. 553-594, 1993.
2. Galbraith, John Kenneth. *The Anatomy of Power*, Boston: Houghton Mifflin Company, 1983.
3. Heilbroner, Robert L. *21st Century Capitalism*, New York: Norton, 1993.
4. Ibbetson, David. *A Historical Introduction to the Law of Obligations*, Oxford: Oxford University Press, 1999.
5. North, Douglass C. *The Rise of the Western World*, Cambridge: Cambridge University Press, 1973.
6. Posner, Richard A. "A Theory of Primitive Society with Special Reference to Law," *Journal of Law and Economics*, Vol. 23, No. 1, pp. 1-53, 1980.
7. Posner, Richard A. *Law and Literature*, Cambridge, MA: Harvard University Press, 1988.
8. Smith, John. *A Casebook on Contract*, 10th ed., London: Sweet & Maxwell, 1997.

【附錄一】奉命行事者無罪？

一個公務員在執行公務時到底要負擔什麼責任？是「依法行事」和「奉令行事」就夠了呢？還是要遵守其他更高層次的律令規範呢？

《時代週刊》曾報導一則發人省思的新聞，想必會激起千千萬萬讀者心裡的漣漪：二次大戰後，東西方冷戰的焦點之一是柏林市。而以一牆爲界，東西柏林被分隔成兩個迥然不同的世界。但是，鐵絲網和高牆擋不住東柏林人民對自由的渴望，幾十年來有數千人想盡辦法，以各種方式掙脫樊籬。爲了遏阻「脫逃」，東德的守衛受命對企圖越牆的同胞「格殺勿論」。如今東西德合併，過去血淚斑斑的柏林圍牆已經變成分塊出售的紀念品。可是，那些當初曾經射殺過自己同胞的東德守衛是不是「犯罪」了呢？

德國法院剛剛完成一審判決：經過查證，一位確實開槍射殺越牆者的守衛被判有罪，處三年半的徒刑！判決的理由是，雖然守衛有執行上級命令的義務，但同時在良心上該受到道德上「更高層次」的戒律所規範。「射殺自己的同胞」顯然不是任何一個人良知容許的作爲，因此有罪。

同案被起訴的其他守衛則無罪開釋，因爲他們或是只對空鳴槍警告，或是（故意）射偏而沒有造成傷害。

反對這個判決的理由也振振有詞：守衛只不過奉令行事，該被定罪的是制定「格殺勿論」這個命令的禍首。更何況，過去幾十年裡有多少個不知名的守衛開槍射殺過越牆者，爲什麼只對被認出的這個倒楣鬼判罪？其他的人呢？這似乎只是在宣洩民眾對東德政權報復的情緒，在滿足人性原始殘酷的衝動。這麼做於事「有」補、「有」濟於事嗎？這麼做對於往者已矣的憾恨，又有多少償贖的意義呢？

細思這段公案，除了這種種考慮，這個問題事實上還可以從更深刻的層面來考量。

「守衛應服膺比上級命令更高一層，屬於良知上的戒律！」這種觀點要成立的前提，是人類良知上的戒律是相似的。可是，如果吃東德共黨奶水長大的這些年輕人眞心眞意的相信教條，認爲自己是「眞理」的守衛者，認爲本來就該射殺企圖越牆的人。如果這些年輕人純粹是「盡忠職守」的好青年，那麼，他們該爲他們的信仰和由信仰所產生的行爲被懲罰嗎？就是因爲他們的信仰和其他國度的人不同？這麼看來，「人性皆有的良知」這個論點似乎並不是那麼有說服力。

如果年輕的守衛也認爲槍殺自己的同胞是「不對的」，但格於上級命令不得不做，那麼問題要簡單得多。這時候問題的癥結就純粹是「良知」和「職務」，以及「個人力量」與「體制威權」的衝突而已。在這種情形下，守衛又有什麼責任呢？

誠然，在整個共產專政的體制下，這些邊境守衛不過是一連串長長的指揮系統下，最底層的單位。但是，共產體制能夠維持（橫行）下去，就是這個指揮體系的「每一個環節」都有效的執行任務。如果其中有一個環節消極的懈怠，整個體系都會受到影響；而且，因為有抵制、有折扣，上級也就不太可能再毫無節制的為非作歹。

因此，被判罪守衛的「責任」，就在於他既沒有積極的反對射殺同胞的命令，也沒有消極的射偏或不射。個別的不合作當然作用有限；可是，如果指揮系統上的每一個環節都基於良心的戒律而有所因應，也許「格殺勿論」的命令早就被取消，甚至東德政權會瓦解得早一些。個人沒有盡其所能的「試著」去改善大環境，就等於是在助紂為虐。因此，由這個觀點來看，判決「有罪」就不是那麼不可思議了！

諾貝爾經濟學獎得主布坎楠嘗言：「即使在最民主的社會裡，在某些方面都還殘留著專制獨裁的成分。」如果我們肯定這句話，也肯定個人對社會這個大環境的責任，我們對於自己周遭的不仁不義，是不是也該有所因應呢？

補充說明：

這篇短文，原來是在第十一章〈豈只是明察秋毫而已——法學裡的因果關係〉裡；可是，文章主旨和「因果關係」之間，關係有點模糊。因此，在二版裡，就換上現在的「以父之名」，更符合章節裡的論述。

東西德合併之後，問題很多。相形之下，東德時代，邊境守衛射殺脫逃同胞是否有罪，雖然棘手，卻不算是大問題。在法學領域裡，這涉及了法律「繼受」和「管轄權」的問題，當然有很大的討論空間。譬如，明朝的法律，大清帝國是否承認，是法律繼受的問題。中華民國軍官林毅夫，游泳到中國大陸；如果他回台，是否要面對軍法起訴，是管轄權的問題。這些有趣而重要的問題，希望將來能較仔細而深入的討論。

【附錄二】

經濟學者走進法學院❖

背景

我受的是經濟學的訓練（學士、碩士和博士），研究的領域之一是法學。在台灣的大學經濟系裡長期講授「法律經濟學」，修課的也包括法律系和研究所的學生。然而，至少到二〇一一年八月為止，我沒有在台灣的法學院裡開過課。

❖對於下列學友的協助和友誼，作者深深感謝：華中科技大學經濟學院徐長生院長、法學院易繼明院長，上海交通大學凱原法學院季衛東院長、王先林副院長，浙江大學公共管理學院姚先國院長、經濟學院史晉川院長、光華法學院朱新力院長、王冠璽副院長，吉林大學法學院姚建宗院長，東南大學法學院周佑勇院長、高歌副院長，浙江工商大學張仁壽校長、法學院譚世貴院長，華東政法大學顧功耘副校長，上海大學經濟學院沈瑤院長、法學院李清偉院長，山東大學經濟學院胡金焱院長，劉國亮副院長，和南京師範大學商學院蔣伏心院長、法學院李力院長。此外，台灣大學公共政策與法律研究中心、浙江大學社會科學部和中華發展基金會，提供研究經費上的支持，作者也深表感謝。

在大陸的情形，剛好是一個鮮明極端的對比。在許多法學院裡，我曾講授短期或正式的「法律經濟學」，依時間先後包括：華中科技大學、上海交通大學、浙江大學、吉林大學、東南大學、浙江工商大學、華東政法大學、上海大學和南京師範大學；在大陸近八百所法學院裡，這些都是排名前六十的學校。我也曾到許多法學院，作「法律經濟學」的專題演講，包括：蘇州大學、寧波大學、萬里學院、武漢大學、中國地質大學、華中師範大學、南開大學、中國政法大學、河南師範大學、南京大學和浙江大學寧波理工學院。

台灣和大陸的情形，兩相對比，當然可以作一番發揮。但是，我認爲自己的經驗還相對有限，不値得勉強作一些歸納引申。然而，即使如此，由這些有限的經驗裡，讓證據來說話，還是可以就事敘事一番。

緣由

到法學院裡開課的緣由，不一而足，其中幾個較特別的，値得稍作描繪；以小見大，以少喻多，也有趣味和含意。

首先，是華中科技大學法學院。二〇〇七年我利用學術休假，短期訪問華科大，在經濟學院講授「法律經濟學」。修課的約有四十位，包括幾位法學院研究生。兩年之後，突然接到一封電子信；這是一位法學院研究生，當初在課堂上常常針鋒相對。他提到，自己拿到碩士後，到浙江湖州地方法院任職，審理案件時，法學院學的東西多已忘掉，他發現最有用的竟然是我教的「成本效益」等概念。他已回到華科大讀博士，指導老師就是院長；因此，他徵詢我，是否願意到法學院訪問開課，面對法學院的「正規軍」?!

其次，是吉林大學法學院。二〇一一年，我又有短期休假的機會，就主動寫信給大陸幾所法學院，希望能短期訪問，並教授密集的「法律經濟學」。吉林大學法學院姚建宗院長立刻回信，熱情邀約。見了面才知道，他曾看過我的一些短文／散文，心儀已久。吉林大學是大陸東北重要學府，法學院更是地位特別；文革期間，許多大學關門，只有兩所法學院繼續招生：北京大學和吉林大學。地理位置使然，吉林大學法學院有良好的法理學傳統，排名一直在前五名左右。優良的法學傳統碰上世俗的經濟學，免不了火花四射、刀光劍影；當然，這是後話。

最後，是華東政法大學法學院。二〇一二年四月間，我在浙江大學法學院上課，就近到上海「傳教」——宣揚經濟學的教義。當晚主持演講的，是華東政法大學副校長顧功耘教授，著名的民商法專家。演講完後，顧教授作點評和總結，看得出來他有點亢奮和激動。他表示，一定要請我到華政上課；顧教授的慧眼和當機立斷，很令人感佩。之後幾經聯絡，眞的成行，到他的課堂上了五次課。學生是二〇一一級的民商法博士生，這是法學界正規軍裡的菁英，素質眞的很好；當然，一樣的群情激奮、刀光劍影，這也是後話。

教材

「法律經濟學」是利用經濟分析的方法，探討法律和法學問題。因此，法律經濟學這門課，可以分成三個環節：第一，經濟分析；第二，法律和法學問題；第三，由前者過渡到後者。這門課程要成功，三個環節都很重要。

首先，是經濟分析。現代的經濟學教育，幾乎依賴大量的數學、統計和圖表數字等。而在法學教育裡，幾乎完全依賴文字和理念論證。因此，法學和經濟學這兩者之間，有著先天上的鴻溝。不過，從兩方面來看，經濟分析不一定要依賴數字和方程式等。一方面，亞當斯密的《國富論》，公認是現代經濟學的奠基之作。在這本鉅著裡，作者闡釋了一些核心觀念，如自利心、交換和互惠等等；可是，作者沒有依恃數學。其次，法學和經濟學研究的題材，就是人的正常活動；在一般人的日常生活裡，除了買東西掏錢找錢，絕大部分碰不上金錢和數字，更不用說圖表和方程式了。因此，重要的是經濟學分析時的「概念」。這也隱含著，向法律背景的人闡釋經濟分析時，必須能有效掌握核心觀念；而後，「眞佛只講家常話」，以老嫗能解的方式，呈現經濟分析的核心和精髓。

其次，是法律和法學問題。法學涵蓋面很廣，法律種類繁瑣複雜，學法律的人相當比例是要實際執業。因此，教材不能停留在法理學上，也不能只討論抽象的問題。比較好的方式，是實實在在的以部門法（民法、刑法等）爲題材，展現經濟分析的說服力。最後，就是由經濟學到法學法律的過渡。一旦掌握經濟分析的核心和精髓，又能以具體的法律爲題材，提出有別於傳統法學的解釋。讓證據來說話，自然容易展現法律經濟學的魅力。

我所用的教材，分成兩部分：經濟分析的部分，由我的論著中選取，包括《我是體育老師》、《熊秉元漫步法律》、《法律經濟開講》和《法學的經濟思維》等；通常是以兩本爲主，每次上課討論兩本各一章。法學的部分，以法律學者的專著爲題材，包括王澤鑑的《民法總則》、黃榮堅的《刑法總論》、林鈺雄的《刑事訴訟法》和吳巡龍的《刑事訴訟與證據法全集》等；每次課程選用一本，進度也是每次上課一章。

操作

雖然題材明確，方向也很清楚；然而，操作方式有很多種，效果當然也有高下之別。希望能在短短時間裡，撼動這些學子們多年來的見解，需要斟酌方法。而改變思維，就是在腦海裡搞革命；革命，當然不是請客吃飯，是非常的破壞，也是非常的建設。

我所採取的方式，其實很簡單：課前有先期作業，把學員分組，每組四人；而後，針對每次進度，要求各組預習教材；以組爲單位，針對各材料，提出値得進一步思考的問題，並且提出討論的初步成果。關於法律的部分，作業要求更是具體明確：以所知道的經濟學知識，不論有多少，（勉強）解釋部門法的法條；也就是，試著揣摩體會和闡明各個法條背後的經濟邏輯。最後這一部分，剛開始最困難。然而，隨著課程的進展，對經濟分析的了解愈來愈多；不知不覺的，「法律的經濟分析」自然逐漸呈現。一旦開了竅，就像學會了騎腳踏車，豁然開朗，是由「魚」而「漁」的過程。然而，這個過程口說無憑，夏蟲無從語冰，必須由學子自己親身去經歷體驗。

如果可能，最好同時有經濟學院和法學院的研究生參與課程；而且，分組時要求，每一組裡必須同時有兩種背景的組員。討論時，剛好可以發揮比較優勢，截長補短，合作互惠。對於讀經濟的研究生，他們可以體會到：如何掌握經濟分析這套工具，然後利用這套工具去處理法律問題。對於讀法律的研究生，他們可以體會到：對於法律的解讀，可以有另一種角度；傳統的解讀和經濟學的解讀，兩者之間的高下優劣，他們會漸漸具備能力，可以自己判斷！

這種預習和問答的作法，具體有效，兩個例子可以略見其餘。在浙江大學光華法學院，我問一位碩士生：在刑法裡，故意傷害和過失傷害的懲罰不同，爲什麼？他義正辭嚴的大聲說道：因爲法律是這樣規定的！我再問：爲什麼法律這樣規定？他用同樣堅定的語氣：這樣才能實現公平正義！兩個回應，聽起來都理直氣壯；然而，說了等於沒說，文勝於質，以音量代替內涵。

還有，《民法總則》裡有一具體事例：果樹上的果子，如果落入鄰地，果子屬於誰所有？上海大學法學院的一位學生，事後在報告裡提到，這個例子具體的扭轉了她的思維：過去想當然耳，果樹上的果子是孳息，自然屬於果樹主人所有。然而，替代方案是「果子歸鄰居所有」，如此一來至少有幾點好處：果樹主人有意願修剪枝椏，避免果子吹落鄰地；毋須進入鄰地撿拾，不至於侵犯鄰居私有財產和隱私；如果鄰人也種果樹，可以避免爭議，降低司法成本，等等！

成果

法學院的碩士和博士生，很多都是本科（大學）時就學法律；因此，在傳統法學裡，已經浸淫了五、六年，甚至更久。一旦面對另一個學科的質疑，加上不特別友善的信差（我），場景當然不會是一片和諧、溫良恭儉讓。課程開始，教室裡總是有許多眼光凶狠、怒氣沖沖的年輕人，極力在克制自己。我的說詞，與其說是挑戰，不如說是挑釁，充分的發揮了火上加油的效果：「有意見是一種態度，有內涵是一種深度」；「知識是一種力量，無知也是一種力量」；「不要暴虎憑河，不要當義和團」！當然，也有比較緩和的提醒：「吃魚時，先吃魚肉，不要一直挑魚刺」；「不先把杯子裡的水倒掉，就裝不下新的東西」！

在很短的時間裡，要改變習以爲常，甚至是根深蒂固的思維觀念，當然不容易。這個過程幾乎必然是困難無比的，以艱辛和掙扎排斥等來形容，毫不爲過。然而，一旦自己說服了自己，曾經滄海難爲水，登泰山而小天下。在我的經驗裡，四十人左右的班上，偶爾會有一個年輕人負隅頑抗到底；其餘的人，都已經柳暗花明，去舊布新。三十九／四十的比率，是百分之九十七點五；一個學科，能改變另一個學科百分之九十五以上人的想法，成果確實可觀，但這絕不是偶然。讓證據來說話，在期末報告裡，這些年輕學子們記下了他們的心路歷程：

某一天，有這麼一位看起來不那麼隨和的台灣教師，言辭鑿鑿——公平正義只是工具性

的概念，可以從理性自利的角度出發，運用成本利益對其進行權衡。只能說那麼一瞬間，我們腦袋懵了，這不是一派胡言麼，我們要是這麼就接受這樣的說法，豈不是太沒有學術人格了。（浙江大學，碩士生）

雖然只有爲期一週的學習，發生在我頭腦中的風暴卻不下五十次。（南京師範大學，碩士生）

嚴厲，甚至略顯血腥，成了熊教授留給學生的第一印象。然而，靜心讀完著作、聽完點撥，發現很多自己曾經遇到的困惑突然看到了光明。（華東政法大學，博士生）

不曾有過這樣先讀書後討論的方式，不曾有過這樣密集的課堂提問，不曾有過這樣「戰火紛飛、群情激奮」的脣槍舌戰，不曾有過這樣深刻而有條理的思考本是習以爲常的觀念和現象。（浙江大學，碩士生）

我的「公平正義」究竟是什麼？這一塊聖碑轟然倒塌的時候，也看到了被它阻擋的更加開闊的天空。（上海交通大學，碩士生）

這種將經濟學的理論運用到非經濟活動中的手法，讓我這一向標榜爲學經濟的人極爲震撼，久不能言。（南京師範大學，碩士生）

以前覺得法律和經濟學，純粹是生搬硬套上去的；通過這門課的學習，我才了解到經濟學帝國的強大。（浙江大學，博士生）

初期：排斥情緒；中期：強烈衝擊；後期：放下最後的防禦；末期：全盤理解接受，學以致用。（南京師範大學，博士生）

以前我思考法律問題時，最後歸結於自由、公平、正義價值時，便不再往下思考。原來這不是思考的終點，這些價值背後還有支撐它們的條件；並且這些條件也是不斷變化的，價值的高低、內涵也在變化。（南京師範大學，博士生）

法律經濟學最有說服力之處，可能就是它具有一個可以一以貫之的理論分析框架。（華東政法大學，博士生）

將社會現象背後的原因抽絲剝繭，通過「供給、需求、價格、成本、效率、外部性」等工具就可以一以貫之，統統拿下，而這正是「經濟學分析方法」的高妙之處。（華東政法大學，博士生）

端正了自己的學習方法之後，我收穫了無盡的喜悅。隨著舊的問題的不斷解決，新的更有意義的見解也就大量的湧現，自己有了一種突破學習「瓶頸」收穫知識的喜悅。（吉林大學，博士生）

不得不承認，經濟學的假設及分析是最具有可操作性的。法律的存在是為了解決實際問題，而可操作是最重要的特質。不難理解，當在公平和正義中掙扎多年的法律人，拿到了經濟學這一工具的欣喜。法經濟學的興盛也就是必然的了。（華東政法大學，博士生）

心得和啓示

回想這些經歷，希望能萃取出一些有意義的心得。一般而言，大陸法學院對經濟學（者）的態度相當開放，至少是願意提供機會，再「聽其言、觀其行」。

法學方法

由學子們的課堂發言和作業裡，我可以一再的感受到，傳統法學訓練的缺失。傳統法學教育的訓練下，學子們對法條很嫻熟；面對問題，往往是「由概念到概念」，在概念上打轉，希望能自圓其說。如果接連問幾個「爲什麼」，學子們往往就捉襟見肘、面紅耳赤。原因很簡單，目前法學教育裡，對於人際互動、社會現象，並沒有一套基本的理論。學子（和學者）們所能依恃的，就是直覺和自己有限的經驗。然而，如果不了解社會現象的來龍去脈，憑什麼設計和操作法律？

最明顯的例子，是在商法，特別是票據法、證券法等領域裡。如果不了解資訊、組織的基本理論，如何理解和體會這些經濟活動所涉及的問題？根據簡單的公平正義，如何面對上市公司的資訊揭露、衍生性商品的風險管控等具體問題？原始和傳統社會裡，人際交往和社會結構相對簡單；公平正義、人權自由等理念，也許足以應付有餘。然而，現代社會複雜多變，法學必須由其他學科吸收養分；自給自足、自矜自是的美好舊時光，早已一去不復返。蒲士納教授一篇論文的題目，很直截了當的描述了這個事實：「法學自給自如的式微」。（The decline of law as an autonomous discipline.）這是他為《哈佛法學論叢》創刊百年所作，發表於一九八七年，至今已四分之一個世紀。

經濟學和經濟學者

對經濟學者來說，把法律經濟學當作一個專長，同時研究和教學，其實很有吸引力。經濟學者希望成為策士或國師，競爭激烈，能實現的機率其實很小。相對的，在法學裡推展經濟思維，空間大，投資報酬率高。而且，在歐美地區，經濟學（者）在法學裡落地生根，這場仗在二十世紀後半段早已經打過。主要的法學院裡，現在至少都有一位經濟學者。因此，在華人社會裡，只要步步為營，成果一樣明確可期。

還有一點，在中國大陸，制度經濟學會經盛極一時。可是，制度的變化如滴水穿石，經濟學者要發揮影響力並不容易。相形之下，法律是制度的一部分，制度經濟學者已經掌握經濟分析的工具，只需把研究的範圍縮小具體一些，很容易就開花結果，甚至大放異彩。當然，經濟學者要在法學院裡發光發熱，也要先蹲好馬步，先作好家庭功課。具體而言，針對前面提到的三個環節，必須能駕馭自如，能和法學界學者及學子對話：在經濟分析的部分，能有效掌握最核心、簡潔明確的概念。在法學題材部分，能累積一些案例，特別是發生在本身社會裡的案件；資料庫愈豐富，靈活運用的空間愈大。由經濟分析過渡到法律，與其理論一大套，高來高去，不如像「神鬼戰士」（gladiator）一樣，在競技場的沙土裡肉搏，由血汗中，雕鑿出令人眼見爲信的戰果。

結語

在我教過的大陸高校法學院裡，有兩個地方的經驗特別值得一提。一是吉林大學法學院，名列前茅，有悠久的法理學傳統；碩博士生合班上，學生素質整齊。因爲有良好的法理學薰陶，碰上經濟學時，當然是水火般的景象。然而，論戰過後，成效可觀；據說後來選論文題目時，很多同學的題目都有經濟分析的蹤影。二是上海的華東政法大學法學院，名列前十；都是博士班研究生，很多是執業律師或司法界從業人員，兼具理論和實務經驗，素質高而學習情緒高昂。雖然短短二十小時不到，但是點撥過招之後，立刻有明顯的成果。因此，經濟學者進入法學院，只要是有備而來，胸有詩書氣自華，不用擔心所面對的聽眾或學子。事實上，傳統法學素養愈好，通常愈是排斥抵禦；一旦比劃之後雨過天晴，通常彩虹也愈是美豔壯麗。

二〇一一年，我應邀到吉林大學法學院講課，成果差強人意；二〇一二年我再度應邀，在十月底為剛入學的法理專業碩博士生，密集講授法律經濟學。眾所周知，吉大法學院有傲人的法理學傳統。這所法學重鎮的再度邀約，反映了對經濟學（者）的肯定，也反映了一把手操盤時的器識和胸懷；對於大陸其他的法學院，乃至於台灣和香港的法學院而言，或許都有一點啓示！

國家圖書館出版品預行編目資料

熊秉元漫步法律／熊秉元 著 -- 二版. -- 臺北市 ：商周出版：
家庭傳媒城邦分公司發行； 2013.01　面：　公分

ISBN 978-986-272-312-8（平裝）

1. 法律經濟學

580.1655　　　　　　102000329

熊秉元漫步法律

作　　　者／熊秉元
責 任 編 輯／陳玳妮

版　　　權／翁靜如
行 銷 業 務／李衍逸、蘇魯屏
總　編　輯／楊如玉
總　經　理／彭之琬
發　行　人／何飛鵬
法 律 顧 問／台英國際商務法律事務所　羅明通律師
出　　　版／商周出版
城邦文化事業股份有限公司
台北市104民生東路二段141號9樓
電話：(02) 2500-7008 傳眞：(02) 2500-7759
E-mail：bwp.service@cite.com.tw
發　　　行／英屬蓋曼群島商家庭傳媒股份有限公司城邦分公司
台北市中山區民生東路二段141號2樓
書虫客服服務專線：02-25007718・02-25007719
服務時間：週一至週五09:30-12:00・13:30-17:00
24小時傳眞服務：02-25001990・02-25001991
郵撥帳號：19863813　戶名：書虫股份有限公司
讀者服務信箱：service@readingclub.com.tw
城邦讀書花園：www.cite.com.tw
香港發行所／城邦（香港）出版集團有限公司
香港灣仔駱克道193號東超商業中心1樓
電話：(852) 25086231　傳眞：(852) 25789337
Email：hkcite@biznetvigator.com
馬新發行所／城邦(馬新)出版集團【Cité (M) Sdn. Bhd. (458372U)】
41, Jalan Radin Anum, Bandar Baru Sri Petaling,
57000 Kuala Lumpur, Malaysia
電話：(603)90578822　傳眞：(603) 90576622

封 面 設 計／李東記
排　　　版／新鑫電腦排版工作室
印　　　刷／韋懋印刷事業有限公司
總　經　銷／高見文化行銷股份有限公司 電話：(02) 26689005
傳眞：(02) 26689790　客服專線：0800-055-365

■2013年1月31日二版
定價 260元

Printed in Taiwan
城邦讀書花園
www.cite.com.tw

All rights reserved 著作權所有，翻印必究

商周出版

廣	告	回	函
北區郵政管理登記證			
台北廣字第000791號			
郵資已付，免貼郵票			

104台北市民生東路二段141號2樓
英屬蓋曼群島商家庭傳媒股份有限公司　城邦分公司

請沿虛線對摺，謝謝！

商周出版

書號： BK7046　　**書名：** 熊秉元漫步法律　　**編碼：**

請於此處用膠水黏貼

商周出版

讀者回函卡

謝謝您購買我們出版的書籍！請費心填寫此回函卡，我們將不定期寄上城邦集團最新的出版訊息。

姓名：________________

性別：□男　□女

生日：西元________年________月________日

地址：________________

聯絡電話：________________　傳真：________________

E-mail：________________

職業：□1.學生 □2.軍公教 □3.服務 □4.金融 □5.製造 □6.資訊 □7.傳播 □8.自由業 □9.農漁牧 □10.家管 □11.退休 □12.其他________

您從何種方式得知本書消息？

□1.書店□2.網路□3.報紙□4.雜誌□5.廣播 □6.電視 □7.親友推薦 □8.其他________

您通常以何種方式購書？

□1.書店□2.網路□3.傳真訂購□4.郵局劃撥 □5.其他________

您喜歡閱讀哪些類別的書籍？

□1.財經商業□2.自然科學 □3.歷史□4.法律□5.文學□6.休閒旅遊 □7.小說□8.人物傳記□9.生活、勵志□10.其他________

對我們的建議：

____

____

____

____